新财经改革研究系列丛书

Research on Digital Trust Evaluation Mechanism Based on Blockchain in Financial Technology

金融科技中基于区块链的数字信任评价机制研究

宋莺 李兰心 孙超豪 孙宝林 著

东北财经大学出版社
Dongbei University of Finance & Economics Press
大连

图书在版编目（CIP）数据

金融科技中基于区块链的数字信任评价机制研究 / 宋莺等著. —大连 : 东北财经大学出版社，2025.3. —（新财经改革研究系列丛书）. —ISBN 978-7-5654-5604-6

Ⅰ. F832-39

中国国家版本馆CIP数据核字第2025CF6021号

东北财经大学出版社出版发行

大连市黑石礁尖山街217号　邮政编码　116025

网　址：http://www.dufep.cn

读者信箱：dufep@dufe.edu.cn

大连永盛印业有限公司印刷

幅面尺寸：170mm×240mm　字数：167千字　印张：14　插页：1

2025年3月第1版　2025年3月第1次印刷

责任编辑：时　博　王　斌　责任校对：何　群

封面设计：张智波　版式设计：原　皓

定价：82.00元

教学支持　售后服务　联系电话：（0411）84710309

如有印装质量问题，请联系营销部：（0411）84710711

本书为国家社会科学基金一般项目“基于区块链的金融科技多维信任评价机制研究”（项目编号：21BJY147）成果，并获得该项目资助和数字金融创新湖北省重点实验室资助

前言

金融科技（FinTech）借助人工智能、区块链、云计算、数据科学以及互联网等新技术，将整个金融服务的链条向外延展，在提升金融服务效率的同时也带来了金融业务风险外溢。与此同时，金融监管领域的进步稍显缓慢，对构建有效的金融监管框架和风险防范机制仍处于不断探索的过程中。本书以2021年立项的国家社科基金项目"基于区块链的金融科技多维信任评价机制研究"（项目编号：21BJY147）为基础，主要使用区块链技术对金融科技中的信任问题展开研究，力求为探索金融科技创新机制提供新的理论、方法和政策建议。本书主要内容如下：

1）基于区块链的金融科技多维信任指数体系和评价机制

本书研究了金融科技中信任指标结构与区块链中信任数据的融合构造方法，提出了一种基于区块链构建的金融科技多维信任指数体系和评价机制（MDTEM）。在金融科技生态环境中，首先，MDTEM机制构建了云级区块链、互联网级区块链、合同级区块链和应用级区块链等四级区块链结构，以确保安全、可靠和可信的金融服务；其次，根据区块链对金融科技支付行为的数据结构、信任结构等，设计了基于区块链的金融科技直接信任、间接信任、推荐信任和反馈信任的指标体系和评价机制；最后，在实证数据和仿真数据的支持下，从信任获取、信任处理、信任发送、信任传输、信任接收和传递成功率等方面对金融科技机制进行了信任评价研究。

2）基于区块链服务架构的金融科技信任评价机制

金融科技现有的信任评估方法并未充分考量信任的可靠性、及时性和非侵入性等因素对信任评估的影响，使得信任评估已经成为金融科技快速发展过程中亟待解决的关键问题。在此基础上，首先，本书融合区块链技术和金融科技应用的特性，构建了基于区块链数据的终端用户应用层、区块链技术层、边缘计算服务层和云计算服务层等四层架构的服务结构，以及多个信任评估指标。其次，提出了一种基于区块链的金融科技信任评估机制（BFTEM），BFTEM机制利用区块链记录每个区块传输过程中的相关数据和多个信任参数，并通过用户的综合信任价值来验证信任持有者发布的信任度。最后，当金融科技用户接收到一个新的信任区块时，用户会对新区块中包含的所有交易记录和信任信息进行仔细的检查。检查内容主要有验证交易的格式是否正确、交易规模是否合适、交易签名是否有效、信任数据是否真实可信、信任度是否匹配等多个方面。

3）金融科技与区块链技术融合机制研究

本书研究了区块链对于金融信任信息在区块记录、更新和共享方式构建分类事务中的问题，得出可以通过金融科技中的金融交易、合同、身份以及其他以数字形式描述的信息获取金融信任信息及分析的结论。本书构造了一种区块链的金融信任信息记录为区块链的链表结构，金融科技数据交易、互联网中的任何用户对每个新生成的区块都获得一个散列值，将该散列值与前一个区块连接到当前区块中进行转发、存储、处理与分析，可形成一个不可逆的区块链。

4）基于区块链的金融科技动态信任评估算法

区块链技术为维护金融科技数据的安全性和完整性，降低金融数据的安全风险提供了重要的技术支撑作用。在此研究的基础上，本书提出了一种基于区块链的金融科技动态信任评估算法（DTEBF）。在DTEBF算法中，区块链用于记录区块设置过程中的相关数据和信任评估，有利于验证金融科技用户对信托持有人的信任程度，有利于金融科技数据的安全可靠传输。实证数据和仿真实验数据分析表明，DTEBF算法可以更好地提高金融科技信任机制的安全性和可靠性，在提高信任计算的准确性方面具有优势，并且具有潜在的应用前景。

5）金融网络的数据分组传输质量

本书在置换多项式的数学理论方面，提出了三次置换多项式的数学理论，构建了一种针对三次置换多项式的优化数据分组块大小的方法，并设计了相应的数据分组编/解码机制。通过深入研究互联网和金融网络中数据分组编码的核心原理，本书设计了一种基于三次置换多项式分组块的网络编码算法（CPP-PBNC），通过网络仿真软件（NS）给出了金融网络的仿真实验环境，并对CPP-PBNC中的解码延迟、编码开销、网络吞吐量以及分组丢失率等方面的性能进行了仿真与实证数据的验证分析。这些成果较好地提升了无线网络、金融科技网络的数据传输质量和速度，为金融科技信任数据的获取提供了技术支撑。

本书的出版得到国家社会科学基金一般项目“基于区块链的金融

科技多维信任评价机制研究”（项目编号：21BJY147）和数字金融创新湖北省重点实验室的资助，在此深表谢意。

宋莺　李兰心　孙超豪　孙宝林

2024年11月

目录

1

概述

近年来，随着数字化应用的纵深推进，各行各业将迎来颠覆性变化，新业态、新模式日新月异。金融科技机构、金融科技公司在新技术热潮中发展迅猛，其营收规模、投融资规模已经处于世界领先地位，金融服务的效率和质量不断提升（巴曙松、白海峰，2016）。金融科技（FinTech）借助人工智能、区块链、云计算、数据科学以及互联网等新技术，将整个金融服务的链条向外延展，提升金融服务效率的同时也带来了金融业务风险外溢。但与此同时，金融监管领域的发展相对滞后，对金融有效监管框架与风险防范的构建仍在探索之中。2024年1月16日，习近平总书记在省部级主要领导干部推动金融高质量发展专题研讨班开班式上发表重要讲话，强调坚持把金融服务实体经济作为根本宗旨，坚持把防控风险作为金融工作的永恒主题。党的二十大报告指出，要加强和完善现代金融监管，强化金融稳定保障体系，依法将各类金融活动全部纳入监管，守住不发生系统性风险底线，进一步论述了金融风险防控能力与防范化解的重大意义。

1.1 研究背景和研究意义

金融科技以更加技术化、立体化、多维度等全新体系与范式，推动了金融行业结构的革新（皮天雷、刘垚森、吴鸿燕，2018）。2020年12月24日，“2020中国金融科技创新国际论坛”在中央财经大学成功举办。论坛的主题为“推进科技与金融深度融合 构建‘双循环’新发展格局”。在论坛上，中国社会科学院学部委员、国家金融与发展实验室理事长李扬分析了2021年我国面临的五大国内外风险以及双循环新发展格局的四个要点和八项重点任务，指出金融科技最主要的功能是通过数字化解构、重组新的产业。第十二届全国人大财经委委员、中国银行原行长李礼辉也发表了题为“双循环格局中的数字化因素”的主旨演讲，从数据要素、数字金融、数字信任和数字技术竞争等四个方面阐释了数字化因素具有不可替代的驱动力，指出可以通过数字信任机制加持金融科技、监管科技的商业信用。北京大学数字金融研究中心主任、北京大学国家发展研究院院长黄益平（2024）指出，将数字技术应用到金融领域之后，能够在一定程度上改变金融业务和金融服务，数字金融在全面加强监管、完善金融体系、改善金融服务、防范化解风险等四个方面都能够发挥相应作用。为了实现中国数字金融的持续领先发展，需要相关机构和监管机构共同努力，共同推进。2023年12月5日，中国社会科学院国家金融与发展实验室副主任杨涛在金融街论坛年会上发布了《中国金融科技运行报告（2023）》（杨涛等，2023）。该报告是由中国社会科学院金融研究所、国家金融与发展实验室及金融科技50人论坛（CFT50）联合推出的第六本年度报告。报告对国内外金融科技的创新与发展状况、演变趋势以及市场潜力进行了全面系统的分析，深入探讨了国内外金融科技领域的制度变革、规则调整以及政策动向。同时，该报告也致力于不断完善金融科技的理论基础与研究方法，为推动金融科技领域的持续进步提供有力的理论支持和实践指导。该报告的目标是成为金融科技机构、金融监管部门以及其他金融相关部门的重要决策依据，为金融科技机构和金融科技公司在金融创新探索中提供坚实的支撑。此外，该报告也为金融科技行业的研究者提供了重要的文献资料。通过深化金融科技与数字技术的融合研究，报告力求进一步强化金融科技在连接数字经济与实体经济中的桥梁和纽带作用，激发数字经济的创新活力，推动数字经济与实体经济的深度融合与发展。

2023年11月，中国信息通信研究院发布了《中国金融科技生态白皮书（2023）》（中国信息通信研究院，2023）。报告强调，在国民经济逐步复苏的过程中，各类行业、多样化的需求以及扩内需政策的精准施策，均对金融科技提出了更为严格的要求。同时，金融监管体制的不断完善与数字技术的深度融合，也使得金融科技发展面临着新的挑战和形势。报告指出，金融科技市场主体的发展路径逐渐清晰，金融科技产业格局保持相对稳定，而金融科技投入的效果成为各方关注的焦点。报告进一步指出，“科技—产业—金融”已成为金融科技创新发展的核心导向，这将进一步强化金融科技在支持实体经济和推动产业融合方面的作用。报告还指出，随着数字技术的不断创新和深入应用，金融行业正在加速推进智能化进程，支付、风控等核心领域能力快速提升，数字金融创新将成为热点，支持实体经济行业的高质量、快速发展。

随着人工智能、区块链、云计算、数据科学以及互联网等新技术不断应用于金融科技，新技术已经变革了金融科技的信任机制与评价的定义与创新，需要建立新的信任评价框架及评测机制，以适应技术创新与新概念的应用前景，在监管科技评价框架内对金融科技的发展采取一种有序的、及时的监管方法是必要的。金融科技的高速、稳健发展以及保护金融消费者权利、防范与化解金融科技风险的需要，使得这一问题的研究面临不小的挑战。

2021年3月，国务院发布了《中华人民共和国国民经济和社会发展第十四个五年规划和2035年远景目标纲要》，该纲要首次将“数字化”作为独立篇章，明确提出了要加快发展人工智能、区块链、量子计算及云计算、数据科学、网络安全等新兴的数字产业，并推动数据技术赋能全产业链的协同创新应用与转型发展。2022年1月，中国人民银行发布了《金融科技发展规划（2022—2025年）》。根据该规划，将加速金融科技、监管科技在金融领域的应用，全面提升数字化监管能力，对金融科技创新实施深入而全面的监管，确保金融与科技之间的风险隔离和防火墙的构建更加稳固。该规划为金融科技的未来发展提供了明确的方向，详述了金融数字化转型的整体策略，并确立了六大核心目标：深化金融业的数字化转型、更充分地释放数据要素潜能、显著提高金融服务的品质和效率、健全金融科技治理体系、深化关键核心技术的应用、推进数字基础设施的先进性。同时，该规划明确提出了八大核心任务，具体为：优化金融科技治理体系、全面释放数据要素潜力、建设新一代数字化基础设施、深入推进关键核心技术的运用、激发数字化运营的新活力、加快金融服务智能化升级、强化金融科技的审慎监督、巩固可持续发展的基石。为确保这些目标和任务的顺利实现，该规划还提出了五大保障措施：注重试点示范、加强支撑保障、强化监测评估、营造良好的发展环境、加强组织统筹。

2022年1月，银保监会（2023年3月，在银保监会基础上组建了国家金融监督管理总局）发布了一份《关于银行业保险业数字化转型的指导意见》。该意见指出，要以习近平新时代中国特色社会主义思想为指导，全面贯彻《中共中央关于制定国民经济和社会发展第十四个五年规划和二〇三五年远景目标的建议》要求，立足新发展阶段，贯彻新发展理念，服务构建新发展格局，坚持以人民为中心的发展思想，深化金融供给侧结构性改革，以数字化转型推动银行业保险业高质量发展，构建适应现代经济发展的数字金融新格局，不断提高金融服务实体经济的能力和水平，有效防范化解金融风险。数字化转型是推动银行业和保险业高质量发展的关键；数字化转型旨在构建适应现代经济发展的数字金融新格局。该意见还强调了加强数字化风控能力建设的重要性。为了加快建设与数字化转型相匹配的风险控制体系，需要建立企业级的风险管理平台，实现规则策略、模型算法的集中统一管理。这意味着需要对模型的开发、验证、部署、评价以及退出进行全流程管理。同时，还应利用人工智能、区块链、数据科学等先进技术来优化各类风险管理系统，并将数字化风控工具嵌入到业务流程中，以提升风险监测预警的智能化水平。通过这些措施，可以不断提高金融服务实体经济的能力和水平，有效防范化解金融风险。

2022年2月，中国人民银行携手市场监管总局、银保监会和证监会等机构，联合发布了《金融标准化“十四五”发展规划》（以下简称《规划》）。《规划》强调了标准化在推动金融业数字生态建设中的关键作用，旨在夯实金融科技标准化的发展基础，并推动金融科技标准化的数字化转型。同时，《规划》强调应加强金融科技标准化人才队伍的建设。《规划》明确了金融科技行业七个方面的重点工作，其中之一便是标准化助力金融科技、数字金融建设与管理。此外，主要有完善金融科技风险防控标准、健全金融科技综合统计标准、推进金融消费者保护标准的建设等。《规划》加强了标准化对金融监管的支持，以确保金融科技行业的稳健发展。

2022年10月，中国人民银行发布了《金融领域科技伦理指引》（以下简称《指引》），旨在为金融科技机构在科技伦理治理方面提供明确的指导。《指引》强调了在金融领域开展科技活动需要遵循的7个方面的价值理念和行为规范：守正创新、数据安全、包容普惠、公开透明、公平竞争、风险防控和绿色低碳。根据《指引》的定义，金融科技被定义为以新技术为驱动的金融创新，其核心在于持牌机构在合法合规的基础上，利用新技术成果对金融产品、经营模式、业务流程等进行改造或创新，从而提升金融科技服务的效率和质量。在风险防控方面，《指引》对金融机构提出了五个方面的具体要求：牢固树立风险底线意识；自觉履行风险监控责任；主动做好创新风险补偿；积极健全创新退出机制；认真落实追责问责要求。这些要求的提出，旨在确保金融机构在科技创新过程中能够有效识别、评估和管理风险，保障金融系统的稳定和安全。

相关政策措施的密集出台，为中小银行的金融科技发展在战略层面制定目标、在策略层面寻找方法、在战术层面开辟路径、在执行层面谋取实效奠定了坚实基础。

1.2 相关文献综述

1.2.1 金融科技的发展与风险问题

随着金融科技应用规模的迅速扩大，金融科技在不断地对传统金融进行改造和升级。从传统的线下业务受理、提交、审批、放贷和贷后管理模式转变为线上获客、用户信任识别、智能风控、贷中和贷后的全面信息化的全流程智能管理模式（杨东，2018；钟慧安，2018）。例如，云计算可以通过公有云、混合云和金融云实现金融消费者对金融的安全性、快捷交易性、稳定性、定制化等方面的金融服务需求。区块链技术的应用为金融科技领域带来了显著的优势。通过实现安全认证和数字货币等创新应用，区块链技术不仅降低了金融科技的交易成本，还增加了交易的透明度和安全性。在移动金融支付、风险识别、风险防控以及合规性审计等方面，区块链技术都发挥了重要作用。此外，通过金融科技的智能化处理环节，区块链技术满足了金融监管、智能合约和审计等诸多要求。在融入互联网的开放、平等、协作和共享等特性的同时，区块链技术还建立了信任机制，对构建金融科技生态环境具有重大的意义。

金融科技的风险问题近年来不断出现，主要表现在系统风险、技术风险以及监管风险等方面。金融科技的快速发展，也推动和促进了监管科技的诞生与发展，提高了金融监管效率。李伟（2020）对在金融监管中如何使用新技术来把握监管方法、监管尺度、金融安全和发展并重进行了研究。陆岷峰（2021）从监管科技、监管制度、监管合约及合法权益保护等多个维度论述了金融创新对金融监管的深度影响。魏鹏飞（2019）对金融科技的创新机制及金融监管的挑战问题进行了研究，提出了强化金融科技顶层设计、提升监管科技的监管力度、完善穿透式监管和功能监管、推动智能监管等政策建议。苏海雨（2020）针对金融科技的发展，提出了监管机构也要充分利用新技术来提升监管科技的发展，利用监管科技的特性，搭建金融科技数据监管平台，由监管机构实时对金融数据进行采集、筛选、评价和监控等，形成融合的金融监管数据库，建立金融科技数据实时监管模式。如何处理好金融科技、金融安全与创新监管等的相互关系，已成为当前金融科技、监管科技领域中的重要课题。

1.2.2 区块链与信任的融合机制

区块链是一个分布式的开放分类事务处理技术，它提供了一种信息被区块记录、更新和共享的方式构建分类事务（方俊杰、雷凯，2020），这些信息可能是交易、合同、身份以及其他以数字形式描述的信息。区块链将事务记录为区块并形成一个链表结构，互联网中的任何节点对每个新生成的区块都会获得一个散列值，该散列值会与前一个区块连接到当前区块中进行转发，形成一个不可逆链块（Kumar et al.，2019）。

区块链技术可用于互联网、移动互联网、跨域金融资产的清算结算、金融交易记录、金融数据的传输、身份认证、访问权限控制以及供应链流程追溯管理等等，区块链可以解决重要中心节点的单点故障问题、减少公私钥分发设备受到攻击问题、确保用户拥有数据所有权的匿名性问题等，在建立更安全的金融科技领域中具有相当大的潜力。区块链技术被誉为信任的引擎，它是金融科技和数字经济时代中不可或缺的信任基石。

1）交易信息信任——新型金融基础设施

在金融科技领域中，金融交易场景繁多且金融支付业务过程异常复杂，导致了信任验证周期的延长。区块链技术能够详细记录支付过程，实现信任信息的共享，通过其共识机制，不仅能提高用户的信任度，还能优化支付流程与效率，无须依赖第三方评价机构，因此更加适用于需要实时监管的跨机构金融场景。借助区块链中的智能合约、共享账本、共识机制以及隐私保护等技术，能够有效避免烦琐且耗时的反复校验过程。

2）底层资产信任——资产证券化

传统的底层资产信息存在难以全面获取的问题，同时，在资产信息不对称的情况下，道德风险也会随之产生。这导致投资者和监管部门难以了解基础资产的真实质量，进一步增加了金融创新产品风险的识别和评估难度。

在资产证券化领域应用区块链技术，可以较好地保障底层资产信息，并为金融监管提供必要的技术支持，确保资产信息及相关数据的准确性，进而促进底层资产信任的建立。一旦建立起信任机制，便能解决底层资产信息不对称的问题，减少过度包装等道德风险行为的发生，推动资产证券化市场的稳健发展。

3）流动资产信任——供应链金融

在传统的金融模式中，企业的融资主要依赖于其主体信用。然而，对于许多中小型公司而言，往往缺乏足够的抵质押物，同时其信息披露也不够充分，这使得金融信任风险的度量和评价变得更加困难。

在供应链金融领域应用区块链技术，可以实现金融信息的透明、安全、顺畅传递以及可回溯性等。这使得投资方能够对中小型公司的创新能力、资金使用情况以及还款能力进行更为准确的信任评价。基于链上的信息，投资方在可信赖的金融环境中，能够更有效地满足中小型公司的融资需求。同时，通过共享合同、单据、支付等链上记录分析，可以减少重复性的审查和校验工作。链上确认的债权债务关系为还款承诺提供了更高的可信度，从而解决了中小型公司信用传递的难题，并有助于降低链上中小型公司的融资成本。

4）外贸距离信任——跨境贸易

在传统的跨境贸易中，距离、时差等物理障碍以及语言、观念等文化差异，使得跨境贸易的流程变得异常复杂，这些因素共同增加了建立信任的难度，同时也提高了相应的成本。

将区块链技术应用于跨境支付服务中，可以有效降低跨境支付的风险，同时提升支付效率，节省跨境资源。此外，它还能解决融资信息不完整、重复融资以及监管困难等问题，从而建立起一个高效的贸易生态信任机制。

Yang 等（2019）针对区块链技术的演进进行了研究，讨论了基础技术架构、隐私与安全、金融应用和智能场景应用等，强调指出在边缘计算、加密货币和基于应用需求等方面区块链技术表现出非常大的优势。Barenji（2022）针对云制造领域中供应商与消费者之间的信任关系问题，提出了一种基于区块链技术的信任评价及管理系统，即区块链信任评价与管理机制，旨在解决云制造中的信任难题。Wu 等（2021）针对物联网环境中的信任管理和信任评估问题，提出了物联网中一种基于区块链的信任评价与管理机制，该管理机制可以为信任计算创建智能合约；此外，还分析了基于区块链信任管理和信任评估的收敛性、准确性以及抗攻击的管理性能。朱曦等（2020）针对云服务中身份管理的挑战，提出了一种在云服务环境中应用区块链技术的身份认证、信任管理与信任评价模型。该模型允许云服务提供商以动态、分布式的方式管理、维护身份与信任关系等。这些精心设计的信任体系和评价机制为区块链技术在云服务中的广泛应用提供了有力支持。

1.2.3 区块链与数字信任的重构机制

在2022年5月4日，国际信息系统审计协会（ISACA）为数字信任提供了一个详尽的定义：数字信任即对相关数字生态系统内供应商/提供商与客户/消费者之间在诚信关系、互动和交易的信心。这一定义突显了数字信任的两个主要方面：其一，以数字技术为媒介，使用数字技术的用户对技术系统本身产生的信任；其二，以数字技术作为独立的第三方，不同的个体、组织在数字技术保障的基础上建立起的双方或多方信任关系（徐延辉、吴世倩，2022）。

1.2.4 数字金融的发展

数字金融是指通过互联网、数字技术，与传统金融服务业态相结合，创新出来的新一代金融服务体系。它涵盖了融资、支付、投资、监管以及其他新兴的金融业务模式，能够为用户提供更加高效、便捷和个性化的金融服务体验。然而，直观上，互联网金融往往被视为互联网公司涉足金融领域的行为，而金融科技则更侧重于新技术特性。相比之下，数字金融这一概念需要更好的数字技术作为支持，涵盖的范围也更为广泛。

到目前为止，数字金融在推动普惠金融发展方面展现出了显著的优势。数字技术为应对普惠金融所面临的天然挑战提供了一种可行的解决方案。一方面，互联网平台通过建立诸如淘宝或微信等应用场景，成功地吸引了数亿移动终端用户；另一方面，通过对来自社交媒体、网购平台等的大数据进行分析，实现了信用评估。数字金融正是以这种快速、高效且安全的方式，在不见面的情况下降低了用户获取和风险控制的成本，从而极大地提升了普惠金融发展的可行性。目前，推动金融发展的关键核心技术主要包括人工智能、区块链、量子计算与云计算、数据科学以及互联网等。这些技术主要从算力、规模和准确性三个维度加强了数据处理能力，进而降低了成本、增强了风险控制和促进了市场竞争，提升了金融的普惠性。这些技术不仅推动了金融服务的普及和便捷性，还提高了金融行业的效率和安全性，为构建更加普惠的金融体系提供了有力支持。

1）数字金融的价值转移功能

货币功能中的流通功能、支付功能、一般等价物功能、贮藏功能、世界货币功能等，服务于转移和价值流通，而区块链和通证技术的数字化确权，为货币金融的这一本质功能提供了更为实在的基础。由于快捷、方便、高效、低成本，数字金融比传统金融具有更多明显的优势。如果是国际公链，数字金融将使货币在更大的范围实现“一般等价物”“世界货币”功能。

2）数字金融的为实体经济服务功能

数字金融是通过货币功能与区块链功能的融合、叠加和互动来发挥效能的。区块链技术具有扩散性和引领性，当它与金融相融合时，其特性在链上所构建的生态系统中就得到了显著体现。一个优质且与金融紧密融合的区块链生态，展现出自组织、活力四射、动态变化、多元化以及高度开放的特点，它以技术理性和综合科技成果为基础，形成了新型的金融科技生态体系。在这个生态中，多种行业和领域的商业实体，如产品经营、文化经营、服务经营、广告经营等，纷纷加入（如“虚拟店面”“分布式应用程序商店”等），并吸引了科技巨头以及新兴技术体系的合作，共同构建了一个企业和商家施展才华的广阔舞台。此外，区块链的共享能力、可追溯性以及渗透性优势，不仅提高了数据的安全性、降低了传输成本，还扩大了互联网的覆盖范围，从而为企业提供了卓越的金融服务体验。

数字金融依托区块链技术的智能合约、智能诚信和智能法治等功能优势，以数字技术为基础，为构建一个“诚信、安全”的生态体系提供了坚实的保障和源源不断的动力。此外，数字金融通过其分布式网络的平等性，数字技术的安全性、精准性，有效解决了企业的融资难题。此时，数字金融已成为公司的“技术监管”，不仅提升了产品和服务的信任度，使其在市场竞争中更具优势，而且双向保障了生产者和消费者的利益，实现了公司的经济效益和社会效益的双赢。此外，数字金融的优质服务还体现在无形资产交易的可靠性和效率上，消除了中间商的差价，让消费者能更广泛地参与投资等活动。

3）数字金融的防范风险功能

数字金融一般来说就是DeFi（去中心化金融），“去中心化”主要是针对技术体系本身而言，而在体系之外，仍然需要加强监管。但是，我们需要转变观念的是，风险防范不能仅靠人为，还要靠“无为，无不为”，即充分意识到数字金融的风险防范可以依靠科技手段，在相关科技提供技术保障的前提下，数字金融的风险防范已经取得了重要进展。例如，预言机的作用已经受到关注，其作用主要是在外部输入数据与区块链内部智能合约之间进行把关，从而保障链上数据的真实性。当然，区块链技术、人工智能、量子计算以及预言机等技术手段，在安全防护方面是需要不断完善的。

4）数字金融的激励功能

金融本来是应该发挥激励功能的，但由于种种原因，尤其是金融异化，使其激励功能被遮掩、弱化，甚至扭曲。

数字金融，由于在区块链平台上主体平等，所以尤其会对微观经济主体的转型升级、创新发展起到激励作用。数字金融将在很大程度上实现消费者也是投资者，这是一项非常重要的变革，其实质是从按资分配向按资分配、按劳分配、按贡献分配转化，亦即向多元分配转化。数字金融承认从机构到个人购买行为的贡献，甚至也承认人们日常消费行为的贡献，这是因为，所有产生数据的行为，都在作出贡献。数字金融以数据记载来认可，以数据资产化通证技术来保障，并通过交易流转来实现价值分配。这样的激励，不仅是一种分配机制的进步，更是生产关系的改善，是社会实现“对等的平等”的重要进步。这里，数字金融的激励作用是双向的：当消费者是投资者的时候，供给侧获得新的金融动力；当消费者是分配对象的时候，将有力拉动市场需求，扩大内需。

5）数字金融的大数据功能

数字金融的诞生，使货币职能有了新的扩展，从科技那里获得新的“赋能”。分布式数据存储技术，为数据铸魂，以去中心化的点对点交易互联，以加密、不可篡改、可溯源等技术特性，使数据的获取、储存、整合、跟踪、交易、流通等更加通畅、高效、安全，数字化信息因而获得盎然生机，数字资产化、资源化程度迅速提升，以生产力和生产关系双向改变的巨大优势，成为开启数字经济时代的强力要素和重要动因。

我们说数字资源化、数字资产化，还体现在其附加值上：大数据所提供的决策依据。企业的发展离不开市场动态，而数字金融本身，使市场上的相关数据（直接或间接，宏观或微观）得以传播流转，共享机制在较大程度上克服了以往的数据信息不对等以及数据孤岛、数据鸿沟等弊端，赚钱盈利和花钱消费的过程也是“赚数据”“花费数据”“提供数据”的过程。同时，数字金融的数据分享，也使得传统的数据获取降低了成本。数字经济时代的来临，已经是在现实中充分体现出来的趋势。工业时代的金融体系，已经需要转型，而区块链技术体系的应运而生，为金融体系的转型创造了条件，提供了契机。数字金融是较好地实现实体经济与数字经济相匹配的金融模式，对此，从政府到民间，从企业到个人，都应该有所认识、有所准备，从理念到行为实现与时俱进。

1.3 发展趋势与展望

当前，中国的金融科技行业已正式进入“可信时代”。在这个阶段，可信与智能合约的紧密结合成为金融科技2021—2031年发展的主导方向。对于可信计算的演进，数据治理和数据可信流通将成为其关键的发展方向。同时，金融科技中的“二层能力”与“三层能力”也将步入协同共进的阶段。目前，中国的金融业正处于金融科技发展的关键时期，其中可信计算与智能合约将实现更深层次的协同发展，共同推动金融科技行业的创新与进步。图1-1为金融科技的技术战略矩阵结构图。图1-2为2021—2031年中国金融科技的发展趋势图。

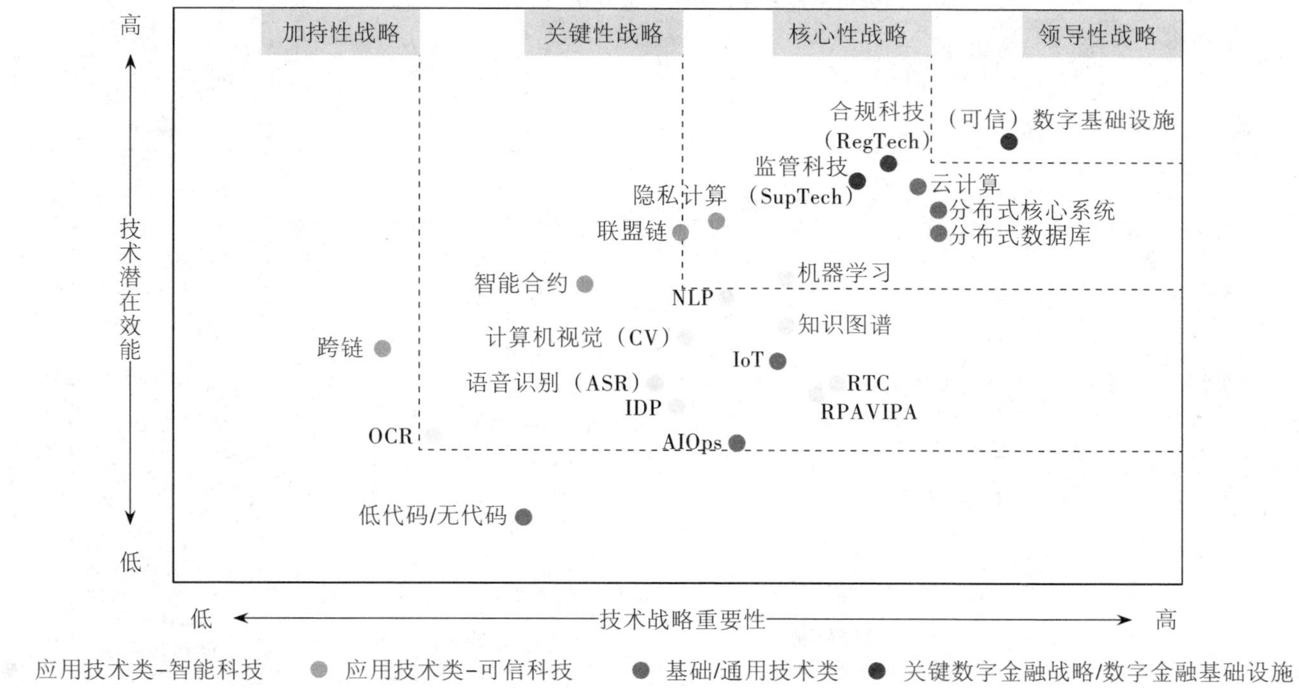

图 1-1　金融科技的技术战略矩阵结构图

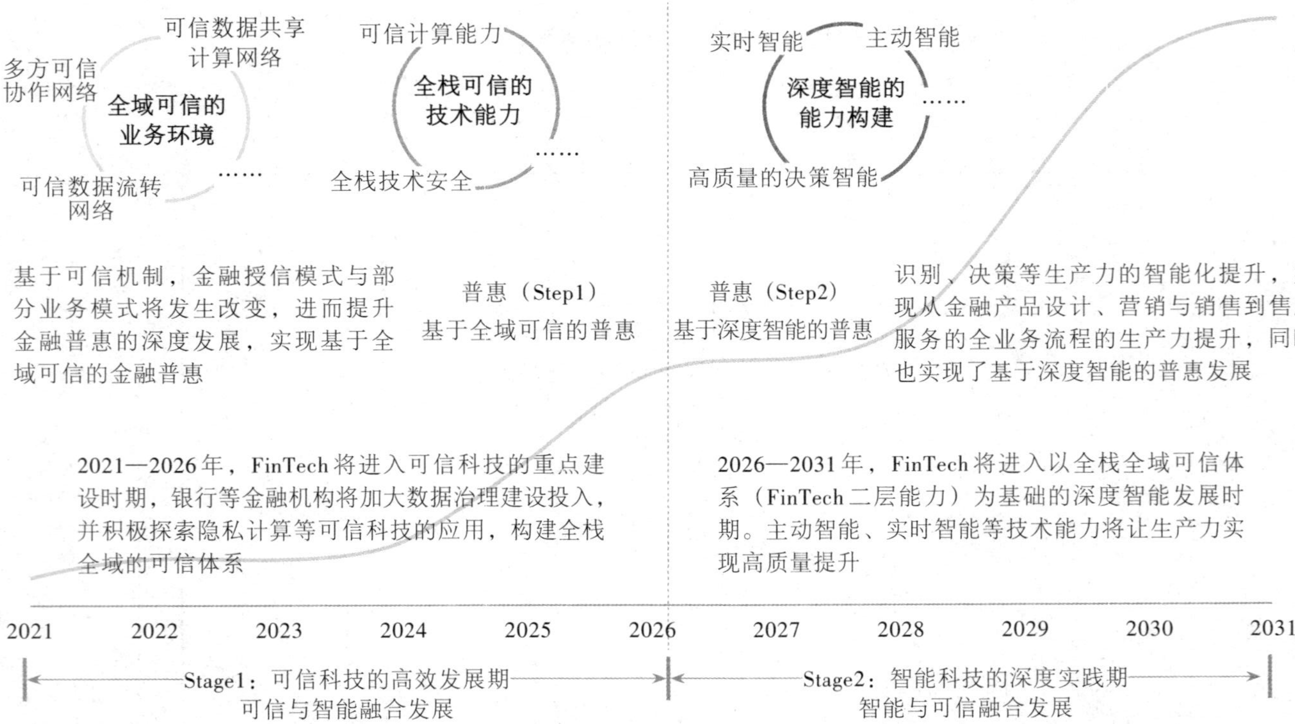

图 1-2　2021—2031 年中国金融科技发展趋势图

2

金融科技创新生态体系的现状

2.1 金融科技的内涵与发展

自2015年起，金融科技引起了国内外众多科技公司的关注与研究。关于其定义，国际金融稳定理事会（FSB）提供了一个被广泛接受的界定，即“利用技术推动金融创新，从而创造出新的商业模式、应用、流程或产品，并对金融市场、机构或服务的提供方式产生深远影响”。巴塞尔银行监管委员会进一步明确了金融科技的四大核心应用领域，分别为存贷款与融资服务、支付与清结算服务、投资管理服务以及市场基础设施服务。在存贷款与融资服务方面，典型的金融科技产品包括网贷、征信和众筹等；在支付与清结算服务领域，主要的应用有移动支付、P2P汇款等；对于投资管理服务，智能投顾和智能投研是其中的代表性应用；而市场基础设施服务则涉及了如人工智能、区块链、云计算、大数据和信息安全等新技术所带来的金融产品创新。

在2017年8月，世界经济论坛（World Economic Forum，WEF）与德勤联合发布了一份名为《超越金融科技：对金融服务业颠覆式潜力一个务实的评估》的研究报告。这份报告直接采用了新媒体领域中的BigTech概念，特指那些在全球范围内具有显著影响力的技术巨头，包括美国的GAFA（即Google、Apple、Facebook和Amazon）以及中国的BAT（即Baidu、Alibaba和Tencent）（杨涛、王小彩，2022）。随后，在2017年10月，巴塞尔银行监管委员会（BCBS）发布了一份工作论文，题为《金融科技的发展对银行和银行监管者的启示》。在这份论文中，BCBS首次从国际组织的官方角度对BigTech进行了定义：BigTech是指那些拥有数字技术优势的全球性大型技术公司，直接向各类用户提供社交网络、搜索引擎、电子商务等IT平台服务，并为其他公司提供基础设施服务。

金融科技主要是指利用前沿科技成就，如人工智能、区块链、量子计算及云计算、数据科学以及互联网等，实现对金融产品、经营模式和业务流程等的数字化转型服务，进而推动金融行业的高质量发展和提升效率的数字技术。金融科技正日益成为全球数字经济创新发展的主要推动力，其参与者已涵盖金融机构、金融科技公司及其他非金融领域的各类主体，共同构建了一个以产业为基础、金融为工具、科技创新为动力的金融科技行业生态。通过金融科技创新，金融业得以突破传统模式的限制，覆盖更多小微群体，推动普惠金融的深入发展，并以数字金融的形式更好地服务于产业经济的发展。此外，当前的金融科技创新不再局限于单一公司内部的业务应用，而是借助联盟链和可信技术，实现了跨公司间的可信业务协作与监管系统的建立。这预示着金融科技基础设施和业务创新应用正共同迈向数字化升级的新时期。图2-1为中国金融科技产业参与者情况及全面数字化升级分析。

2.1.1 金融科技的逻辑框架

通过分析金融科技的本质内涵，并结合其发展的历史与现实背景，可以构建出一个关于金融科技发展演进的基本逻辑框架。该框架是一个由四主体组成的三棱锥四面体。

传统金融服务领域主要由金融机构和客户组成。金融机构是金融服务的主要供应者，而客户则是服务的接受者和需求方。然而，随着金融科技的发展，两个全新的主体——新技术和数据，被注入了这一领域，为传统金融服务带来了新的活力与内涵。这4个主体

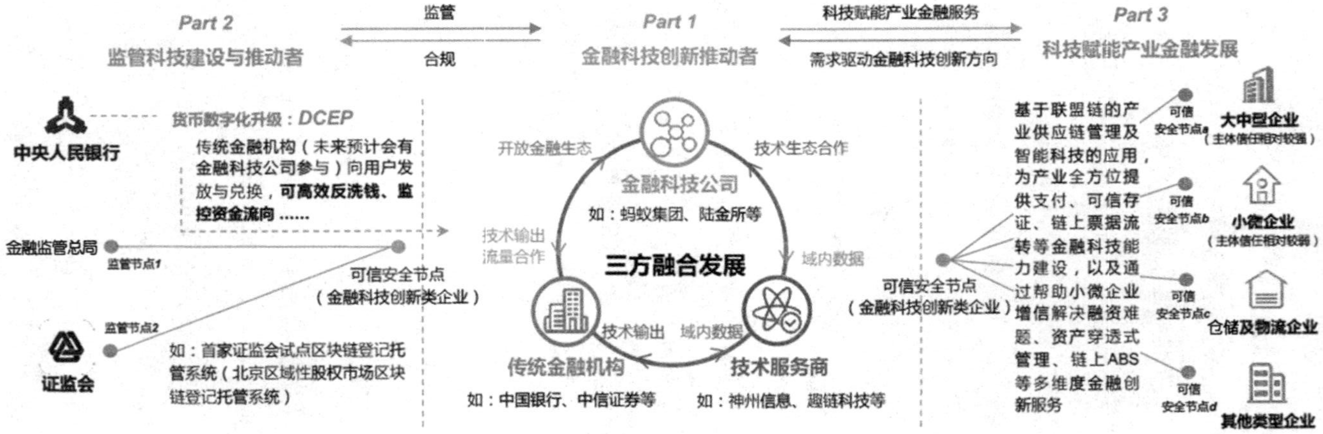

图 2-1　中国金融科技产业参与者情况及全面数字化升级分析

通过相互作用与关联，架构而成了一个三棱锥四面体（如图 2-2 所示）。

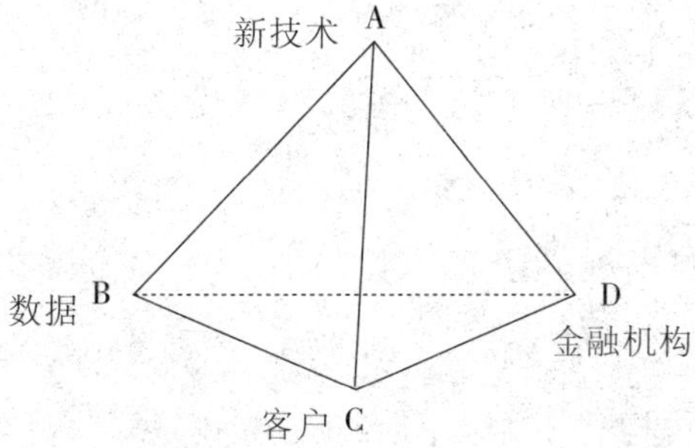

图 2-2 金融科技演进逻辑分析基本框架

随着经济的发展，新技术、数据、客户及金融机构这四个核心要素的功能在不断地演变，并且这些功能构成了一个丰富的数据集。随着数字技术的持续进步和应用领域的不断拓展，这个三棱锥四面体模型正经历着不断的升维演变，逐渐塑造出一个多维度、动态发展的系统架构。

2.1.2 金融科技的发展

随着数字技术与经济、金融领域的深度融合，新的经济动力得以产生，但同时也带来了一系列新的挑战。2020 年，金融科技领域迎来了金融数字化的全面深化，无接触金融和小微金融等新型业态蓬勃发展。与此同时，监管套利、金融风险、数据安全及消费者权益保护等问题亦引起了广泛关注。为应对这些问题，多项监管规范相继出台，以确保金融科技行业的健康、稳定和可持续发展。

金融科技行业的监管已经历了多个创新发展阶段，包括鼓励项目创新、设定发展目标、严格控制业务风险、精心制订发展规划、确立发展规则以及支持优秀公司上市等。随着防范化解金融风险的攻坚战进入尾声，金融科技监管进入了新的阶段。在这一阶段，所有涉及金融科技业务都将受到监管的审视。同时，经过金融监管试点的项目将得以快速推进，更多的项目也将有机会进入监管试点，从而推动金融科技的创新发展。

金融科技的发展涵盖多方参与者，包括金融机构、金融科技公司、监管机构、消费者及其他相关金融组织。这些参与者之间的相互关系共同构建了金融科技的生态环境。一个积极互动、协同发展的生态环境对于金融科技在风险可控的条件下实现快速、安全和可持续的发展至关重要。尽管近年来我国金融科技取得了显著的发展，但在其生态环境方面仍存在一些待改进之处（张洋子，2019）。

第一，金融科技公司的发展并不均衡，为了解决这一问题，必须致力于优化金融科技创新业务的公平竞争环境，并不断完善相关的监管制度框架。这将有助于提升新技术为金融机构、金融科技公司、监管机构以及消费者提供科技服务和合规业务的能力，从而实现金融科技公司的快速、可靠发展。

第二，金融机构与金融科技公司之间的发展亦存在失衡问题。目前，两者所处的制度环境存在不公平竞争的现象。以《中华人民共和国商业银行法》第四十三条为例，该条款明确规定商业银行不得持有金融科技公司的股份。而金融科技公司则必须满足一系列严格的金融监管规定，才能取得金融牌照并开展相应的金融业务。这种失衡状态亟待解决。

第三，金融科技（FinTech）与监管科技（RegTech）的发展也存在失衡现象。主要表现在监管科技要提高监管有效性、减轻监管压力；监管科技需要确保金融科技创新业务的快速发展与应用。

第四，金融科技的发展与金融消费者保护之间的失衡问题。随着金融科技的快速进步，部分金融科技公司在风险防控能力和内控制度方面同样存在不足，这直接影响到了对金融消费者的保护力度，使其无法得到充分的保障。

2.2 金融科技创新的生态体系

2.2.1 金融科技生态的概念

1）金融场景与金融科技产品

金融场景是指将金融服务融入相关的非金融服务中，从而提供一站式的便捷服务和极致的消费体验。这种场景化的金融服务方式能够迅速响应并高效满足特定客户群体的需求。

金融场景的基本构成元素包括：金融用户群、金融产品、非金融服务以及内容信息等。在这些元素中，融入场景的金融产品无疑是商业银行的核心竞争优势。这些金融产品应至少具备定制性、组合化、线上化、数字化以及安全性等特性，这五个特点共同构成了金融科技产品的核心竞争力。图2-3为金融科技产品的五个特点。

2）金融生态

金融生态，是以生态学的理论框架来探讨金融发展的概念。它通常描述了在特定时间和空间的背景下，金融市场和金融机构等金融主体在与外部环境进行互动的过程中，通过协同合作，构

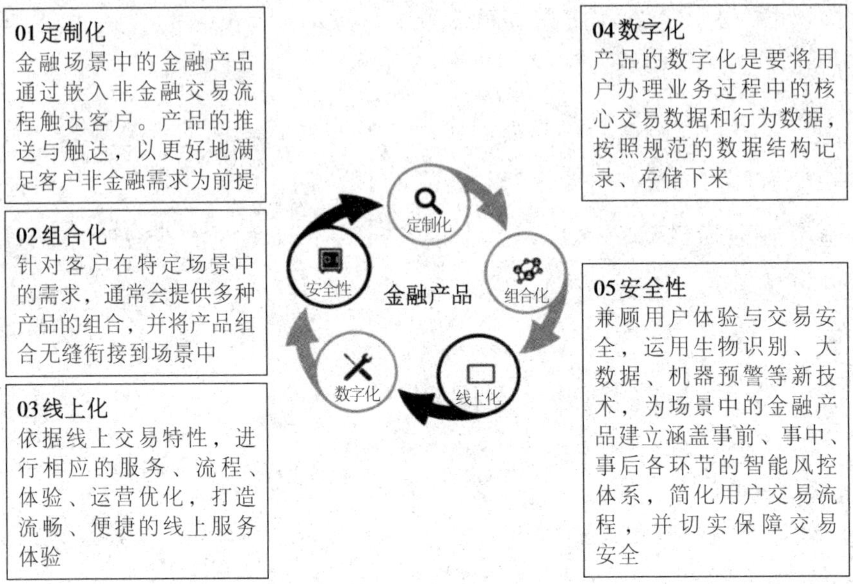

图2-3　金融科技产品的五个特点

建了一个具有特定结构特征和执行特定功能的动态平衡系统（杨涛、王小彩，2022）。然而，随着新技术在传统金融领域的迅速发展和广泛应用，虽然推动了金融行业的"跨越式发展"，但同时也带来了新技术、业务和生态之间的不匹配，从而产生了巨大的风险。

3）金融科技生态

2022年1月5日，中国人民银行颁布了《金融科技发展规划（2022—2025年）》（以下简称《规划》）。《规划》详细阐述了金融科技生态的核心要素，强调以金融数据的充分利用为基石，致力于深化金融供给侧的结构性改革，推动金融机构的数字化转型和加强对金融科技创新应用的审慎监管。《规划》注重金融创新的科技驱动和数据赋能，指出应将数字元素全面融入金融服务流程，以及在整个金融科技业务运营链中贯穿数字思维，《规划》为金融科技的稳健发展奠定了坚实基础。综上，对金融科技生态体系问题的深入研究不仅具有理论价值，而且具有重要的实践意义。

金融科技生态描述的是金融科技领域内的各个主体之间实现良性互动与协同发展的状态，这种发展方式旨在更好地服务于实体经济，更有效地防范金融体系的系统性风险，更大程度地保障金融消费者的权益，并提升我国金融科技在国际上的竞争力。

金融科技生态体系是指以金融科技机构、金融科技公司、监管科技公司为代表的市场主体，运用数字技术将金融科技的不同行业、不同领域、多种应用等场景链接起来，为消费者（Customer，C端）、企业（Business，B端）、政府部门（Government，G端）等提供一站式金融服务，实现资源共享、相互赋能、合作共赢。金融科技生态体系是连接商业生态、社交生态和金融生态等的“三位一体”的完整闭环。图2-4为金融科技生态体系。

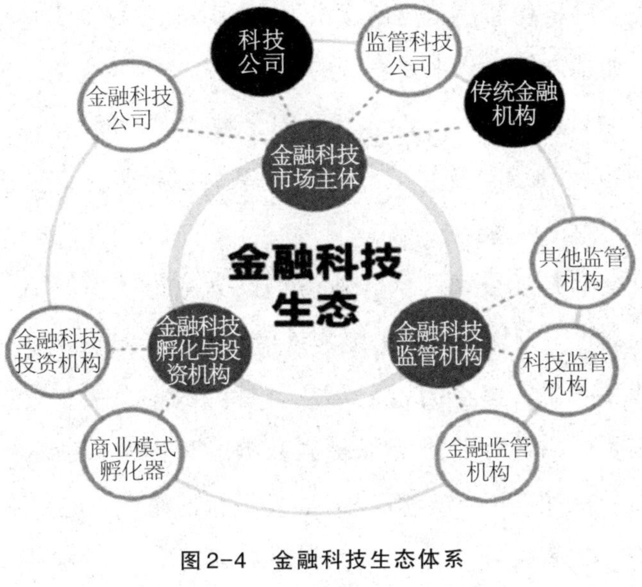

图2-4　金融科技生态体系

金融科技产业的发展生态主要呈现为两种：首先是垂直生态，它表现为从底层的通用技术架构，逐步延伸至金融科技的实际应用场景和产品服务的一种产业链模式。垂直生态的核心在于将金融科技广泛应用于各类场景，并通过多方参与、合作共赢的机制推动产业发展（张洋子，2019；王均山，2019；王雁飞，2022）。其次是水平生态，它主要关注的是金融科技领域内部各类主体之间的紧密关联性（卜亚，2019）。这些主体包括但不限于监管当局、金融机构、金融科技公司、行业协会、中介机构以及消费者等。在水平生态中，各方主体相互协作、互为支撑，共同推动金融科技产业的健康发展。

金融科技领域的创新公司可以被划分为三类：①金融科技公司。这类公司以新技术为金融业务赋能，甚至直接涉足金融行业，成为金融科技市场的主要力量。例如，Amazon、Google、Facebook、腾讯、百度、阿里、京东等科技公司均属于此类。②持牌金融机构。这类金融机构通过运用新技术，为金融客户提供先进的金融科技服务，如招商银行、平安银行、微众银行、蚂蚁金服、财付通等推出的金融科技产品。③部分互联网金融公司、网络小贷公司等。这些公司也在金融科技领域开展了一系列创新服务，如平安陆金所、京东金融、百度金融等。

国内金融科技公司的主要业务可以划分为四类：第一类是互联网金融，这一领域涵盖了P2P网络借贷平台、直销银行、移动金融以及跨界金融等多个方面。第二类是大数据金融，它主要包括精准营销、贷后风控管理、保险大数据分析以及大数据在传统银行业务中的应用等内容。第三类是人工智能金融，这一领域主要涉及利用人工智能技术来替代人工审核和人工经纪业务等。第四类是区块链技术金融，通过将数字货币、智能合约、公共管理等应用程序搭建在区块链平台上，提供去中心化、高效透明的金融科技服务。

金融科技的发展促进了金融功能与金融要素的共同发展。金融功能是指这些要素所承担的具体业务职能，如投融资活动、支付结算、风险控制和监管等方面，而金融要素涵盖了金融机构、金融科技公司以及金融科技创新产品等多个领域。金融科技的出现打破了金融要素之间的界限，使得互联网银行、传统银行和保险公司等各类金融机构都在积极开展跨界业务合作与创新。这不再是一场传统金融与互联网金融之间的对抗，也不再是理财机构与保险公司之间的对立。相反，它更接近于私募的特性，使得金融科技要素的边界不再像以前那样清晰可辨。

2.2.2 建立金融科技生态体系

1）完善法律体系

随着金融科技的快速发展，需要建立一套完整的金融科技法律体系，才能为监管机构提供良好的合规监管；另外，为了适应金融科技的发展，需要对现有法律体系进行适度的优化、修订和完善。

2）降低监管成本和提升监管效率

金融科技的快速发展与应用，提高了监管的难度和成本，从而提升了金融科技的风险。

3）制定金融科技行业的技术标准

政府和监管部门需要制定金融科技行业的技术标准，以推动金融科技的快速发展和应用。这些技术标准应不仅能够规范金融科技市场的进入和退出，还能够为金融科技行业提供有序的公平竞争环境。

4）加强金融消费者的保护工作

监管机构应致力于金融消费者的保护工作，确保金融科技公司在创新产品和服务时充分重视并落实相关保护措施。首先，金融科技公司在研发金融科技创新产品时，必须确保所提供的服务合法、合规、安全且值得信赖。其次，金融科技公司还需要高度重视金融数据的安全性、完整性和隐私保护，努力为金融科技的高质量发展和应用营造一个诚信可靠的环境。

5）金融科技的健康发展离不开第三方机构的专业服务支持

在金融科技新生态的构建过程中，第三方机构发挥着关键作用，能够提供一系列专业的金融服务。例如，在金融科技创新产品的设计过程中，除了需要遵守法律体系和监管科技的合规要求外，还需要会计师事务所、评级机构、评估机构等专业机构进行金融科技生态环境的测试与评价。因此，只有金融机构、金融科技公司、监管机构以及金融科技第三方机构等各方共同参与、共同培育，才能为金融科技的发展创造一个优质的新生态环境。

6）金融科技行业协会在金融科技发展中扮演着举足轻重的角色

为了推动金融科技行业的健康发展，行业协会需要与法律部门和监管部门紧密合作，共同加强法律和监管措施，规范金融科技行业的行为。首先，金融科技行业协会应当发挥引导和规范作用，确保从业机构的市场行为符合行业规范，并推动它们更好地服务于社会经济发展。同时，协会还应倡导金融科技企业为消费者提供合规且优质的服务。其次，为了增强金融科技行业的风险管理和自律水平，金融科技行业协会有必要加强统计监测，提高风险分析与预警能力，同时积极推进业务规则的研究与标准建设。除此之外，推动行业信用建设、促进信息共享同样是协会不可忽视的职责。在条件具备时，协会可考虑采用监管科技来强化自律管理水平。最后，金融科技行业协会还需要聚焦金融科技管理体系和基础设施的建设，包括金融科技行业标准体系的完善、风险教育培训的深化等，并为金融科技企业提供更多与监管沟通、把握行业动态、推动业务发展的机会。

2.2.3 如何从合规科技到监管科技

一是技术风险。人工智能、区块链、量子计算及云计算等算法程序复杂性和专业程度越来越先进，需要较为严格的合规风险和风险防范机制。二是信用风险。避免信用风险需要人工智能、大数据、区块链技术等相关技术的支撑。三是市场风险。当前国家对金融科技的监管还需要进一步完善，新技术应用多、应用环节繁多等导致难以监管。四是垄断风险。金融科技的新技术取代了传统金融机构的技术，随着新技术的发展同样也可能形成垄断。五是金融法律和金融监管制度等风险。金融科技的创新发展与应用，需要有良好的法律制度、监管制度保障，更加需要智能合约的风险监测和管控的要求（胡滨、任喜萍，2021）。

2.3 金融科技生态的理论框架

金融科技生态体系的具体架构可概括为“5+1”模式（中国信息通信研究院，2023），其中“五个层次与环境要素”相互交织、协同作用，共同助力金融科技生态系统发展。金融科技生态体系如图2-5所示。

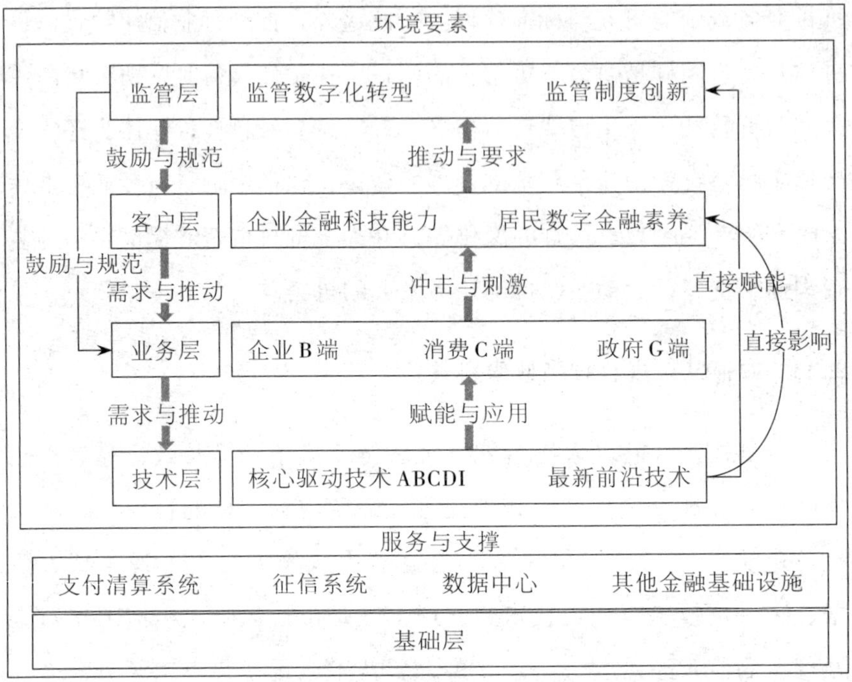

图2-5　金融科技生态体系

一是基础层。该层涵盖了支付清算系统、征信系统、数据中心等金融科技核心基础设施。为了实现数智化与开放性的转型目标，这些核心基础设施需要借助数字技术的力量，不断提高其安全性和运行效率。

二是技术层。该层主要聚焦于满足金融科技业务特定需求的新技术解决方案，旨在进一步拓宽金融科技的应用场景。所涉及的新技术包括人工智能、区块链、云计算、大数据（数据科学）以及物联网等前沿领域。

三是业务层。该层侧重于具体的金融科技应用场景，致力于研发和推广数字化创新产品与服务。该层包括为数字技术与创新业务之间搭建桥梁的各种服务及相关中介服务。

四是客户层。该层主要是推动宏观经济和微观主体的数字化转型发展，以激发金融科技创新的内在动力。这样不仅可以提升各类金融机构、金融科技公司和用户对金融科技创新服务的接受度和新技术应用能力，还能在实践中增强其感知性、有效性和安全性。

五是监管层。目前，加强对金融科技的“机构监管+功能监管+行为监管”已成为金融科技界的共识。通过区块链的智能合约机制，可以进一步优化监管模式和提高监管水平，从而确保金融机构、金融科技公司的创新风险得到有效控制，并将其保持在最低风险防控范围内。

总之，金融科技生态体系在推动各层面间的有效互动方面发挥着至关重要的作用，它不仅是促进金融科技产业数字化转型的“润滑剂”，还是实现金融科技产业链高效融合的关键因素。这一体系涵盖了政策与规则、伦理以及相关法律制度等，为金融科技的创新发展与应用提供了坚实的支撑和保障。

2.4 以监管科技应对金融科技

金融科技作为数字技术驱动的创新应用领域，着重于利用前沿技术来提升、支持和创新合规的金融科技业务，其核心理念在于推动金融科技业务的创新应用，实现“三升两降”的目标，即在提升效率、优化用户体验和扩大规模的同时，降低处理成本和金融风险。尽管金融科技在新技术和业务模式上有所突破，但其本质仍属于金融业的范畴，因此在运用过程中必须遵循金融科技业务的内在规律和秩序，遵守现行的法律法规以及金融监管要求

（胡滨、任喜萍，2021）。

金融监管机构应逐渐运用监管科技，以深化监管、降低监管成本、提高合规效率，并增强监管的规范性和金融风险监测识别能力。从国内外的情况看，监管科技在整合金融科技构建的风险模型、风险数据，进行风险分析和预测、实时交易监控、报告和拦截以及追踪法律法规等方面，已开展初步的探索和实践。

根据党的二十大关于我国金融监管体系建设的重要精神，形成了“一行一局一会”等部门共同组成的全新监管架构，金融科技监管与发展面临新的形势。一是金融监管职责的集中和统一，将进一步推动金融科技监管的全覆盖和一致性，提升监管效率。新构建的金融监管体系更好地加强了党对金融工作的领导，促进了集中监管、简化层级、规范管理，提高了金融监管的精准性和质效，能更为有效地防范化解金融风险。二是机构监管与行为监管相结合，强化了对金融科技的穿透式监管，筑牢风险防范措施。根据金融科技监管所面临的新技术、新形势，建立了机构监管与行为监管相并重的监管体系，有利于防范风险、维护金融稳定；加强了对金融科技活动开展审慎监管，将所有创新活动纳入监管；通过对金融机构经营行为的穿透式监管，能更好地防止监管套利行为，保护消费者权益。

2.5 金融科技的关键技术与典型应用

2023年11月，中国信息通信研究院发布了《中国金融科技生态白皮书（2023年）》，指出金融科技发展有着巨大的市场潜力，主要有：一是金融科技潜在用户规模巨大；二是数字基础设施不断完善，为金融科技的创新发展奠定了技术基础。

1）大型互联网平台加速金融科技创新业务

2023年，国内外大型互联网平台公司为探索更多的服务新模式，突破了互联网服务业务边界，特别是涉足金融业务。一是大型互联网平台加大与金融机构合作力度，共同推动金融科技创新业务的拓展。例如2023年4月，苹果与高盛合作推出Apple Card高收益储蓄账户，开卡第一周用户就超过24万，截至2023年8月，存款总额已超过100亿美元。二是一些新型社交媒体、数字信息服务平台也在借助数字技术开展金融业务。如马斯克旗下社交平台X（原推特）打造了一个新的金融交易平台，该平台获得了美国7个州的金融数据服务许可证。

2）智能算力助力金融机构，开创金融数智化应用场景

以人工智能、算力资源为基础，以算力网络为连接的智能算力成为数字化转型竞争的新领域，给金融场景应用带来了新的智能化机遇。一是金融科技对智能算力需求呈现快速增长态势。数字技术的应用进一步推动了金融科技算力的爆发式增长，架构灵活、高效调度、效能优越的智能算力服务成为金融领域数字化转型的关键生产力之一。二是金融科技机构积极进行算力布局。为了不断提升金融科技服务质量和效率，众多金融科技公司正致力于构建更为强大的算力平台，并积极探索智能算力在金融科技领域的创新应用，持续优化诸如智能信用评估、风险评价与控制、客户筛选、投资顾问以及保险精算等金融科技服务，以期为用户带来更加便捷、安全和智能化的体验。三是整合多数据源信息，通过智能算力技术解决日益复杂的投资决策。

3）“去中心化”技术推动金融业务创新的同时，也带来了数字原生的潜在风险

一方面，“去中心化”技术为金融科技业务带来了广阔的创新机遇与空间。在金融去中心化架构下，用户能够实现金融数据、内容、资产的自主掌握，个人能够与平台之间建立更加公平透明的关系。“去中心化”技术能够改变许多原有的金融服务模式，创造更多新的机遇。另一方面，“去中心化”金融独特的数字原生环境也带来了难以监管的潜在风险。尤其是数字加密货币作为“去中心化”金融的典型应用，在其发展过程中出现过多次异常波动，少数极端情形甚至引发市场恐慌，对全球金融市场的稳定造成显著的负面影响。例如，数字加密货币自身的稳定性难以保障，技术漏洞、人为风险难以控制；缺少“去中心化”金融的安全合规监管制度。

4）数字技术打破金融科技的应用局限，为弥合数字鸿沟提供有力支撑

一方面，数字技术的应用扩大了普惠金融的覆盖范围，促进了金融业自身数字鸿沟问题的高效解决；另一方面，数字金融服务延伸至各行业，对弥合整个社会数字鸿沟问题发挥了重要作用。数字银行平台已经成为数字生态的主要入口，叠加新闻资讯、医疗健康、生活购物等各类应用场景，帮助数字鸿沟群体最大程度地享受数字金融服务。

5）提升数据驱动效能，促进信用体系升级完善

在金融科技的各种应用场景中，数据驱动提供了缓解信用信息不对称问题的作用。一是积极吸纳金融科技公司作为征信市场主体，构建更完善的信用信息共享体系；二是重视对于隐藏信用信息的挖掘，释放潜在的数据价值为中小企业增信，实现高质量的信用

评价与审核。

6）大模型助推数智技术升级，加速数据、算力要素价值释放

生成式人工智能技术发展迅猛，加快金融科技业应用创新发展。一方面，由ChatGPT等引发的AI大模型技术变革正在持续演进，为金融科技业带来新机遇。其体现在金融科技参数规模呈指数级增长、数据模态逐渐向多模态化发展。另一方面，金融科技积极拥抱大模型，推动大模型在各类应用场景的创新落地。此外，大模型在金融科技领域的应用同样面临着安全与合规风险，受制于模型本身复杂度高的因素，大模型应用存在无法溯源、科技伦理风险等方面问题，金融科技对大模型的应用更需谨慎。

7）信息技术应用创新深入推进，持续助力金融科技服务转型

随着金融科技自主创新以及数字化转型等领域的深度推进，“多云多芯”在金融行业呈规模化应用态势，日益夯实信息技术创新底座。分布式技术在金融科技核心业务系统中进一步落地，在金融科技行业的覆盖范围和应用深度持续提升。分布式技术不断提升金融科技核心业务系统的高效性、稳定性、敏捷性和复杂性，金融科技机构更加注重分布式系统对金融科技业务稳定性的作用。

8）金融科技安全防护体系化布局持续增强，服务模式向多维度发展

一是金融科技边界广泛，在金融业务转型的同时，安全威胁日渐复杂，安全事件层出不穷，安全防护体系化升级成为布局重点。金融科技领域信息安全逐步从单一的网络和信息安全需求转化为复杂多变的叠加式安全需求，如云原生安全、数据安全、开发运营安全、基础设施供应链安全等。二是金融领域安全服务化特征凸显，

业务安全与连续性管理成为关注点。金融科技机构开始从新视角解读“安全即服务”理念，提出要强化网络、终端、系统、应用及云基础设施等在内的全生命周期安全管理，提出要打造金融科技级的安全运营平台。

9）前沿技术与应用持续探索，进一步拓展金融科技体系内涵

量子计算快速发展，其计算速度远超超级计算机，对当前密码体系的冲击已成为金融科技行业的共识。后量子密码成为金融科技行业应对风险的关键技术。移动通信技术标准持续演进，新特性将为金融科技创新打开新的发展空间。一是沉浸式交互技术的演进，支持金融科技服务体验前所未有的升级优化。二是内生智能化在移动通信的应用，支持金融科技场景全方位数字孪生的应用。三是万物互联、全域化通信技术的支持，将大幅提升“无处不在”的金融科技感知能力。

2.6 金融科技重点应用场景催生新生态环境

金融科技深刻嵌入到金融业务和经营管理流程中，加快了金融服务的数字化进程，数据驱动成为金融业务各环节和各领域发展的核心导向，数据要素效能持续显现（胡滨、程雪军，2020；苗建国，2020；潘捷国，2023）。

（1）数字原生理念影响深刻，金融业运营服务智能水平不断提升。近年来，在数字原生理念的驱动下，金融科技客服智能化趋势更加明显，创新形态不断涌现，服务能力持续提升，大部分金融科技机构加速引入数字客服并产生实质性成效。一方面，智能客服向金融科技加速渗透，同时推动人工客服规模精简和优化。另一方

面，智能客服的服务水平进一步提升，开始成为金融科技对外服务的一张名片。

（2）新技术在金融科技核心环节深入应用，支付与风控能力持续升级。新技术的应用对金融科技支付结算的成熟度、可见度不断提升，有效提升金融科技支付服务质效。一是数字人民币的使用在不断扩大，推动数字人民币应用进入快车道。二是新型生物识别技术应用于金融科技的第三方支付，进一步延伸金融科技支付场景领域。三是金融科技跨境支付平台技术不断提升，助力宏观经济外循环。

（3）数据驱动决策全方位应用，带动金融科技风控管理体系持续进阶。金融科技机构通过运用数字技术，深入挖掘数据要素价值，构建了涵盖风险识别、量化风险、信任评估、深度分析和有效处置等多个环节的数智风控体系，从而全面提升了其金融科技风险防控能力。一是搭建金融科技全生命周期智能风控平台，实现金融科技全流程风险预防。二是探索利用金融科技大模型挖掘数据要素价值，实现金融科技风控效能倍增。三是应用智能交互技术，进一步释放金融科技中的数据要素价值，破解小微金融风控难题。

（4）金融科技深度赋能产业金融服务，产业数字金融创新成热点。金融科技降低了参与门槛，产业数字金融参与主体持续扩大。一是产业金融相关供给群体增多，生态协同能力增强。二是产业金融需求方参与门槛降低，促使更多中小微企业加入其中。金融科技加持下的产业数字金融初见成效。金融科技在促进资金提供方支持中小微企业的同时，也可获得合理的收益。金融科技助力中小微企业提高融资可得性的同时，不断拉低了综合融资成本。

2.7 金融科技生态的评价体系

金融科技生态场景建设是大势所趋。这一趋势为金融科技公司提供了机遇，金融机构再一次面临新的历史节点。金融科技机构可以通过自身实践探索，分析研究金融科技生态场景建设的共性特征和发展趋势，建立金融科技生态场景生命力评价体系，构建共生价值网络，围绕金融科技生态场景的主要参与主体对金融科技生态场景的价值进行评价，与合作伙伴共生、共创、共享价值（潘捷、曾春燕，2023；杨农，2022）。

金融科技生态场景生命力评价体系的整体架构遵循“四维一体”的设计理念。其中，“四维”指的是评价内容的四个维度，即政府（G）、企业用户（B）、个人用户（C）和商业银行（F）。这四个维度共同构成了对金融科技生态场景价值的定量评价体系，用以评估其“优秀与否”。而“一体”则代表评价的核心原则，通过“完整、共赢、杰出、流量”这四个方面，将金融科技生态场景视为一个整体进行定性评价，旨在回答“好不好”的问题。这一评价体系旨在全面、客观地评估金融科技生态场景的价值和潜力。“四维一体”的框架可为金融科技生态场景战略的进一步实施提供决策依据。金融科技生态场景评价体系如图2-6所示。

I（Integrality）完整：即金融科技生态场景服务链的完整性，该场景是否能够依据客群的特定需求形成服务闭环，满足客户与之相关的金融科技及非金融科技服务，不会因某一环节缺失而使客户脱离该场景，确保客户“不出圈”。

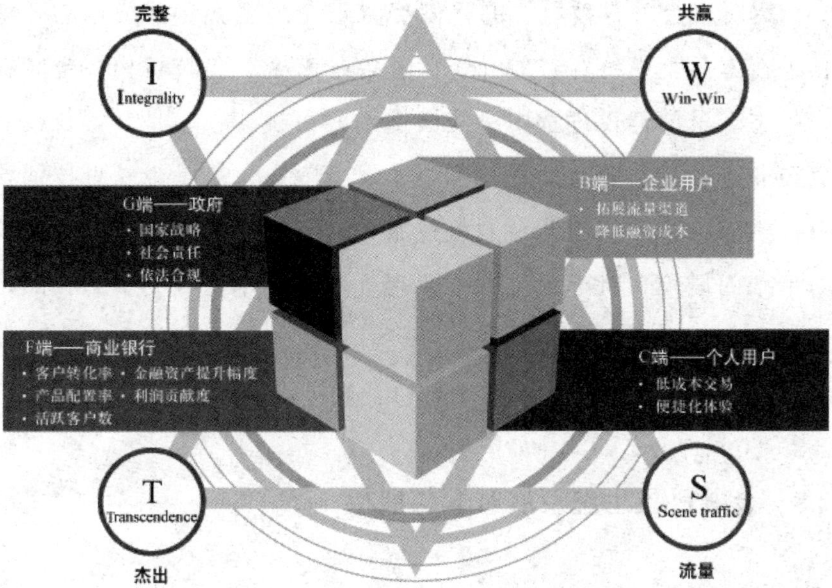

图2-6　金融科技生态场景评价体系

W（Win-Win）共赢：即金融科技生态场景是否可以满足各参与主体诉求并实现共赢。参与方是否能够通过场景建设实现服务能力、绩效目标和价值导向的提升。

T（Transcendence）杰出：即金融科技生态场景建设主体的杰出性，该主体（以金融科技机构为主）在该场景中是否能够提供具有核心竞争力的金融科技产品或优质的金融科技服务。

S（Scene Traffic）流量：这体现了用户对金融科技生态场景的满意度，其根本目的在于吸引用户，而最终的追求则是实现用户价值的最大化。

随着数字化趋势的不断发展，金融科技场景生态建设的重点在于运用数字化手段推动金融科技与非金融科技的紧密融合，以为客户提供卓越的使用体验。

然而，金融科技机构的稳健经营理念与金融科技公司的开疆拓土在本质上始终存在差异，因此，未来金融科技机构在金融科技生态场景的建设过程中可能会遇到五大挑战：一是金融科技业务与非金融科技业务要进行严格的风险隔离；二是金融科技消费者权益保护审慎性与非金融科技服务便利性的平衡；三是数字技术带来的风险，对标互联网企业提升数字技术迭代竞争力；四是数字化时代金融科技机构特色考评体系；五是保持战略定力，以金融科技生态场景建设推动金融行业转型。

2.8 金融科技生态发展对策与展望

2.8.1 金融科技生态发展对策

1）建立有效的金融科技运作模式

第一，优化金融科技生态场景体系，完善金融科技生态圈的顶层设计。第二，加快金融科技创新产品整合，构建“无界”的场景应用金融科技生态圈。

2）强化金融科技场景风险监管防范

金融科技生态圈跨市场、跨行业，多种新技术的金融业务相互渗透，金融风险更加隐蔽、复杂，为保障合规经营、精准识别风险、守住风险底线，必须借助数字技术创新金融风控识别及管控手段：一要建立数智化、精细化金融科技场景生态圈风险管理机制；二要规范数据管控，确保数据安全。

3）立足金融科技场景创新

第一，加快金融机构、金融科技公司等的数据云平台建设，提升数据云平台创新应用能力。第二，加强金融科技产品创新，提升金融科技场景生态圈竞争力。

4）加强金融科技人才培养

金融机构、金融科技公司要高度重视金融科技人才的重要性，多措并举，用好人才、同时培养、留住人才。首先，要积极引进掌握金融科技创新应用开发技术的专业人才，建设一支专业化、复合型的金融科技团队；其次，加强合作与交流，紧跟金融科技、数字金融发展的最新动态和未来趋势；最后，鼓励与高等学校共建“金融科技”专业，培养金融与数字技术交叉融合的高素质复合型后备人才。

2.8.2 金融科技生态发展展望

1）金融科技应用进入深水区，投入成效与高质量发展成为关键

一是更加重视金融科技对金融业重点领域转型升级成效的影响。金融科技发展和应用的路径逐渐明晰，各类主体对于金融科技的重点领域已初步达成共识，接下来金融科技资源投入将更加关注精准性，推动金融科技服务提质增效的要求更加明确。二是畅通金融科技的传导路径是未来关注的重点。相关政策要求进一步提升金融科技对于实体经济的支持力度，最大化发挥金融科技对中小微企业融资效率的促进作用。

2）金融业数字化向纵深发展，业务驱动与需求驱动更为凸显

在金融业数字化转型体系化布局的推动下，转型成效初步显现，数字化理念开始根植于金融科技各领域各环节，业务和需求驱动数字化转型向纵深发展。一是数字化转型更深入聚焦业务和经营

管理的有效需求。二是要充分认识到数字化转型“长跑”过程中的阶段性重点，构建合适的发展模式。

3）数字原生理念加速落地，数字金融示范应用效应愈加明显

数字技术的快速迭代，推动物理世界与数字世界的广泛连接和数实融合，给数字原生理念落地打下基础，金融科技将更加快速地“拥抱”数字原生，推动示范性应用的不断落地。一是前沿技术更加重视金融科技的落地场景，数智金融应用成为产业数字化的典型示范。二是金融业务全流程数字化的推进，数字原生系统和场景开始涌现。三是数据资产化进程加快，金融业有望成为数据基础制度建设的先行者。

4）金融科技助力政策精准实施，充分释放金融科技业经济社会价值

金融科技通过支持金融业供给侧结构性改革，服务国民经济和社会发展各项政策的落实，推动自身经济价值和社会价值的进一步融合与统一。一是在助力金融科技经济价值释放方面，金融科技是宏观政策和产业政策精准实施的有效工具。二是在助力金融科技社会价值释放方面，金融科技在一定程度上为社会民生政策的落实创造更加有利的环境。

5）统筹金融科技创新和稳定的关系，全方位审慎监管进入新阶段

处理好金融稳定与金融创新的对立统一关系是监管过程中的重要原则，在我国金融监管体系改革的背景下，金融科技审慎监管进入新的阶段，开始全方位加速落实。一是将提升对金融科技全生命周期风险的预判和处置能力。二是监管工具和监管能力数字化创新

进一步推进。三是行为监管继续加速落地，以规范微观市场主体行为。

6）金融科技“走出去”趋势明显，支撑金融科技高水平对外开放

在努力构建高水平开放型数字经济新体制、以高水平开放推动金融高质量发展的背景下，金融科技的对外开放正稳步推进。金融科技“走出去”不仅成为跨境金融设施互联互通的重要组成部分，也在促进金融科技深度合作中发挥着越来越重要的作用。一是金融科技对国际经贸活动中交易结算赋能作用更加明显。二是国内金融科技企业对外技术输出加快，不断提升企业国际竞争力。

2.9 本章小结

基于上述研究结论，针对科技金融生态系统的构建与优化，本章提出以下三点建议：首先，各城市应坚持互补与错位发展，共同构建一个协同进化的金融科技生态系统。通过建设金融科技后台基地、积极推动战略性新兴产业的发展等措施，为金融科技提供丰富的创新应用场景和发展空间。其次，要有效扩大融资比重，构建一个多层次、多方面的融资环境。利用金融资本、财政资金、国有资本和社会资本等多种资金渠道，支持金融科技公司的成长和金融科技产业的转型升级；并通过投资基金、股权投资等方式，引导和促进金融科技公司的创新与发展。最后，要打造一个高度开放、高效协同的金融科技生态环境。推动金融科技领域内的数字技术、金融、人才等关键要素的快速流动与融合，实现金融科技创新产品的

互认、资金的互通、行业的互联，进而推动金融科技产业链、创新链与资金链的深度融合，构建一个“科技—金融—产业”的金融科技生态圈，引领金融科技的技术创新和战略性新兴产业的高质量发展。

3

区块链技术的原理与应用

3.1 区块链的发展历程

3.1.1 区块链基础技术的发展历程

区块链技术的诞生与密码学、互联网的演进紧密相联。1976年，迪菲（Whitfield Diffie）与赫尔曼（Martin Hellman）联名发表了具有划时代意义的论文《密码学的新方向》（New Directions in Cryptography），该论文不仅引领了现代密码学的主要研究方向，更重要的是首次提出了公共密钥加密协议和数字签名的概念。这些理念为互联网中广泛应用的加密算法体系奠定了基石，并为日后加密数字货币和区块链技术的诞生提供了必要的技术基础（华为区块链技术开发团队，2019）。而后的1977年4月，罗纳德·李维斯特（Ronald Rivest）、阿迪·萨莫尔（Adi Shamir）和伦纳德·阿德曼（Leonard Adleman）（RSA）在麻省理工学院联合发布了名为"获取数字签名和公钥密码系统的方法（A Method for Obtaining Digital Signatures and Public-Key Cryptosystems）"的论文，即广为人知的RSA算法，它是一种非对称加密算法。RSA算法在实际应用中因计算量庞大而面临挑战，但是1985年Victor Miller和Neal Koblitz提出了椭圆曲线加密算法（Elliptic Curve Cryptography，ECC），该加密算法极大地推动了非对称加密体系的实践与应用。

在21世纪初，华裔科学家戴伟和尼克·萨博分别独立提出了加密数字货币的概念。戴伟提出的B-Money被视作比特币的精神先驱，而萨博的比特黄金（BitGold）则被认为是比特币的初步形态。到了2008年11月，神秘人物中本聪发表了一篇论文，论文中描述了一种完全去中心化的加密数字货币——比特币，其底层技术就是我们现在所熟知的区块链。2013年，萨博提出的智能合约在以太坊区块链中实现，其开发者一直在探索数字时代的发展方向。

3.1.2 区块链技术的实践应用阶段

区块链是一种全新的去中心化组织模式，它通过一系列新技术的结合实现。根据这些新技术的不同应用和发展，可以将区块链的发展划分为三个不同的阶段。

1）技术实验阶段（2007—2012年）

2008年10月31日，《比特币白皮书》发布；2009年1月3日，基于区块链的比特币系统正式启动。基于区块链的比特币体系的核心技术包括分布式账本、哈希函数、工作量证明及公钥加密算法等，这些新技术共同构建了区块链的初始形态。随着2010年7月17日著名比特币交易所Mt.gox的成立，比特币正式进入金融市场，开始了其数字金融的历程。令人瞩目的是，短短几年后，这些技术领域的先驱者中有一部分人便已跻身亿万富翁之列，成为了区块链行业的传奇人物。

2）主流认知阶段（2013—2018年）

2013年8月20日，德国政府正式确认了比特币的金融货币地位，而在同年10月14日，百度公司宣布开通比特币支付服务。然而，随着中国银行体系采取限制措施以及Mt.Gox交易所倒闭等事件的发生，比特币市场陷入了大熊市，价格不断下跌，许多相关科技公司也相继倒闭。尽管如此，那些在这场严冬中幸存下来的科技公司开始逐渐复苏并变得更为强大。从2016年开始，随着全球局势的动荡和主流经济不确定性的增加，比特币因其风险规避功能和替代功能开始逐渐复苏，交易规模迅速扩大，开启了2016—2017年的牛市行情。在这个阶段，各国金融机构、金融科技公司等对于比特币和区块链技术的认知不断深入，已经开始逐渐认识到它们的价值和潜力。

3）产业实现阶段（2019—2025年）

经历了2018年的市场狂热后，区块链技术和加密货币在金融市场、监管和认知等多个方面出现调整，逐渐回归理性。到了2019年，金融科技公司相关产品的更新换代速度和产业内的公司更替速度明显加快。到2021年，与区块链技术相适应的金融科技行业实现稳健发展，数字货币、加密货币也得到更广泛的应用。随着各种区块链项目与产业的深度融合，逐渐形成一批金融科技行业领军公司，区块链产业的格局基本确立，相关法律法规体系也日趋完善。在这一阶段，区块链技术对数字经济的各个领域产生显著的推动作用，数字货币、加密货币逐步成为主流货币，区块链技术在全球范围内产生广泛而深远的影响。数字人民币也开始试点应用，为未来的数字经济发展奠定坚实基础。

总之，区块链为全球数字经济产生了巨大价值，为产业发展奠定了技术基础。

3.2 区块链技术的特点

区块链技术主要包括四个方面：点对点数据传输、共识机制、公钥加密体系以及分布式存储。这些数字技术要素的紧密结合，共同构成了区块链技术。区块链技术的特点如下：

1）去中心化

区块链技术独立于第三方机构或相关硬件设施，摒弃了中心化的管理方式，从而构建了一个自治的、无中心化的区块链网络。这一网络实现了分布式的核算与存储机制，使得网络中的各个节点能够自主完成信息的验证、分布式记账、处理、传递和无中心化管理等任务。这种去中心化的管理机制正是区块链技术最为显著和本质的特点。

2）开放性

区块链技术的基石在于其编码开源特性，这意味着参与应用的节点共同构建一个共有的区块链网络。在区块链网络中，区块链的数据对所有参与者都是开放的，除了交易各方的私有信息需要加密处理。网络中的节点能够借助公开的接口查询和处理区块链上的数据，从而保证整个区块链信息的透明性。

3）隐私安全性

在区块链中，每个节点都内嵌了完整的区块链验证逻辑，这使得它们无须依赖其他节点来验证节点的身份和交易的有效性。因此，这种机制消除了对其他节点的额外信任需求。这种去信任的特性使得节点间无须相互披露身份，为区块链保护用户隐私提供了基础。在区块链环境中，存在两种不可控匿名性。首先，无法确定是谁发起了某项交易及区块链的生成；其次，在跨境支付中，也不清楚是谁支付了费用，链中用户只关注资金的转移。

4）防篡改性

防篡改性指的是一旦交易在区块链网络中得到验证并被添加到区块链中，它就很难被修改或删除。在区块链中，节点想要改变权限范围外的数据，必须攻击网络里面的51%的节点权限才能进行数据的更改，这个难度非常非常大，这让区块链本身变得非常安全。

5）可追溯性

区块根据时间顺序被精心组织和有序连接成链，确保块数据能够被追溯其源头。这种可追溯性意味着区块链上发生的每一笔交易都会被完整记录，从而允许用户在区块链上追踪某一状态及其相关的全部历史交易。同时，防篡改性的特点保证了记录在区块链上的交易数据无法被篡改，这为可追溯性提供了坚实的保障。

6）系统高可靠性

首先，在区块链中每个节点都会平等地维护一个分布式账本，并积极参与整个区块链系统的共识过程。这意味着，即使区块链系统中的某个节点出现故障，也不会对整个系统的正常运行产生任何影响。其次，区块链系统具备拜占庭容错能力，从而也能较好地提高系统的可靠性。

3.3 区块链技术的原理

3.3.1 区块链的技术

区块链（Blockchain）是一种链式数据结构，数据区块按照时间顺序相链接组合而成，这一技术由多方共同参与维护，并运用密码学原理确保参与方的身份验证、数据传输的安全性和访问的有效性。区块链能够实现一致存储、共同维护、高度防篡改和防止抵赖的分布式记账功能，因此也被称为分布式账本技术（Distributed Ledger Technology）。

分布式账本技术是通过将密码算法、共识机制、点对点数据传输和分布式数据存储等核心技术体系进行深度整合，构建出的一种分布式的基础架构和计算范式。这种架构下的共享账本有效消除了协调不同账本所需的时间和成本。

区块链的核心思想：依靠多方共同见证、由下而上地构造账本信息。区块链的三种能力：时序数据存证与鉴证、可信数据共享交换、可控赋能自主执行。区块链是一种创新的、去中心化的分布式基础设施和计算模式。它利用区块链式的数据结构来验证身份和存储数据，并通过分布式节点的共识算法来生成和更新相关数据。同时，公钥密码体系为数据的传输和访问提供了安全保障。此外，区块链还运用自动化脚本代码构成的智能合约来编程和操作数据。

自区块链技术诞生以来，随着各种创新应用场景和技术需求的出现，已经出现了多种不同类型的区块链，每种区块链都根据自己的实际需求设计了独特的数据结构。一般而言，典型的区块链技术框架主要包括数据层、网络层、共识层、激励层、合约层和应用层等相关核心组件。区块链的技术框架如图 3-1 所示。

应用层	DAPP	加密货币	各类应用
合约层	智能合约	算法机制	拓展脚本
激励层	哈希算法	算力资源	贡献机制
共识层	POX 类共识	BFT 类共识	CFT 类共识
网络层	P2P 网络	泛洪	多播
数据层	数据区块	链式结构	Merkle 树

图 3-1　区块链的技术框架

1）数据层

数据层是区块链技术的基石，它体现了区块链的本质。在这个层面上，数据块被打上时间戳和顺序特性，进而形成一条连续的数据链条。时间戳的存在使得每个数据块都可以被定位和追溯。同时，数据层利用哈希算法对数据进行公钥密码体系加密，这既提供了登录认证的功能，也确保了数据的安全性。简言之，数据层解决了数据顺序存储、如何存储、何时存储的关键问题。

2）网络层

区块链数据的传输依赖于点对点交易和广播、多播机制，确保了交易记录及其确认过程的顺畅进行。网络层构建了区块链的去中心化交互认证模型，这不仅维持了区块链的去中心化特性，还实现了去中心化的数据传输与管理功能。

3）共识层

区块链技术通过共识机制，确保了在高度去中心化的互联网环境中，即使节点间存在互不信任的情况，也能对区块链数据的有效性、可靠性达成共识。这些共识机制包括工作量证明（PoW）、权益证明机制（PoS）、授权股份证明共识机制（Delegated Proof of Stake，DPoS）以及拜占庭一致性协议（BFT）等机制。这些机制的核心功能是解决区块链面临的资源消耗、安全性、扩展性以及性能效率等关键问题，它们是构成区块链核心技术的重要组成部分。

4）激励层

区块链技术的创新与应用离不开强大的算力支持，因此激励机制在区块链中起着至关重要的作用。在区块链中，通过采用哈希算法，可为参与者贡献算力的各个节点提供相应的奖励，进而吸引更多的节点参与进来，从而不断壮大算力的规模。

5）合约层

该层的核心功能是赋予区块链可编程性。它为用户提供了一个平台，使区块链能够根据预先设定的智能合约，通过编写智能合约算法，对链上的状态、资产和加密数字货币等进行操作，从而实现去中心化的创新应用。这些智能合约算法被永久保存在区块链中，并由互联网唯一的地址进行标识。一旦满足合约中设定的条件，这些算法将自动执行相应的操作，无须任何第三方的干预。因此，智能合约构成了区块链实现去信任机制的基础。

6）应用层

在应用层上，用户可以自由地利用区块链提供的灵活脚本代码系统，编写和构建各种应用程序，从而满足个性化需求。这使得区块链系统能够孕育出多样化且丰富的应用生态，为用户提供广泛的服务和产品选择。如今，区块链应用已经深入金融、教育、供应链、政务等各个领域，并且随着新技术的不断发展和应用，未来区块链应用有望像手机应用一样普及，成为我们生活和工作中不可或缺的重要组成部分。

3.3.2 区块链系统功能视图架构

2023年5月23日，国家市场监督管理总局与国家标准化管理委员会联合发布了新的国家标准，名为《区块链和分布式记账技术 参考架构（GB/T 42752—2023）》。该标准明确提出了中国在区块链领域的参考架构，并对涉及的用户视图和功能视图进行了详细规定。这一标准的发布标志着中国在区块链技术和应用方面取得了重要的进展。其区块链系统功能视图架构如图3-2所示。

区块链系统功能视图包括用户层、服务接口层、核心功能层、基础设施层和跨功能层，内容如下：

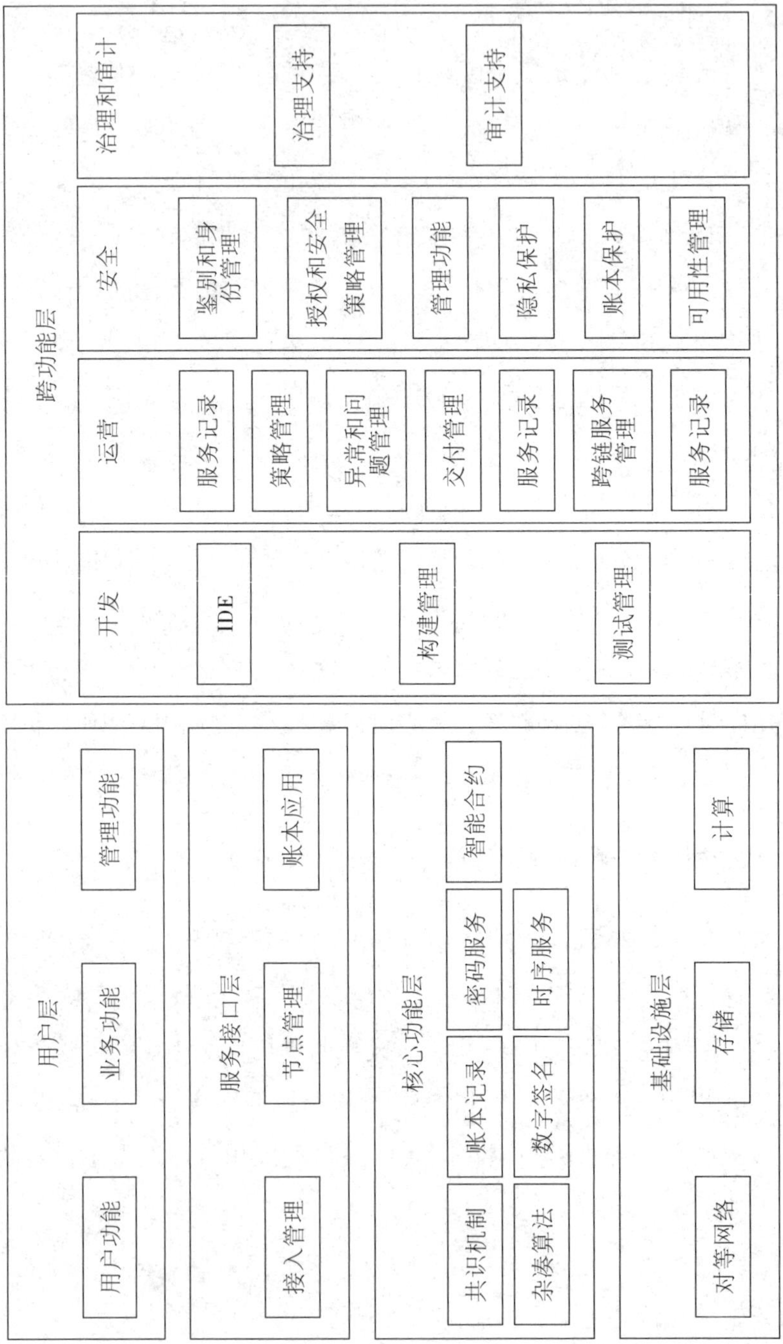

图 3-2　区块链系统功能视图架构

1）用户层

主要由用户功能、业务功能和管理功能等组成。用户功能包括提供用户界面、提交事务请求等；业务功能包括业务提供方、技术提供方、审计方和治理方的活动等；管理功能包括事件管理、问题管理、安全管理和监控管理等。

2）服务接口层

主要由接入管理、节点管理、账本应用等组成。接入管理具备跨进程调用的能力，旨在为用户层和核心功能层提供顺畅的接入服务；而节点管理则全面负责区块链节点的信息查询、高效管理和精确控制等关键任务；账本应用通过调用核心功能层组件，实现基于区块链账本记录功能的应用。

3）核心功能层

主要由共识机制、账本记录、密码服务、智能合约、杂凑算法、数字签名和时序服务等组成。共识机制通过特定的共识算法，完成区块链网络节点的共识过程；账本记录实现区块链中分布式数据的存储；密码服务需经过国家密码管理部门认证或核准使用；智能合约支持在预设规则前提下，根据特定输入产生特定结果；杂凑算法具有不可预测性、不可逆性、可验证性和具备撞击能力等特点。数字签名涉及签名和验证两个步骤。在签名步骤中，签名者使用自己的私钥对原始信息进行加密处理，生成一个独特的数字签名值；而在验证步骤中，验证者使用签名者公开的公钥，对签名值和原始信息进行解密验证，以确保签名的真实性。此外，为了确保区块链系统的行为或数据记录的一致性，时序服务会选择合适的时序机制或工具，从而保持系统的可靠性和稳定性。

4）基础设施层

主要由对等网络、存储和计算等组成。

5）跨功能层

主要由开发、运营、安全、治理和审计等组成。

3.3.3 区块链的数据管理技术

区块头：区块头包含了与特定区块相关联的各种重要数据。

区块体：区块体是用于存储该区块内所有交易数据的地方。每个区块最多可以记录500笔交易信息。区块的大小与其所能容纳的交易数量成正比，区块越大，则区块链处理交易的速度就越快。区块主要包含以下信息：版本号、时间戳、前一个区块的哈希值（Hash值）、Merkle树以及随机数等等。

（1）块的版本：包含区块版本号的4字节字段。

（2）区块的身份标识是通过前一个区块的Hash值来确立的。这一独特的字符串组合不仅标识了特定的区块，还确保了该区块与下一个区块之间的紧密联系，从而形成了连续的区块链结构。

（3）时间。区块被散列时的时间戳。

（4）Merkle树。Merkle树是一种特殊的数据结构算法，它的每个节点都通过区块的加密哈希值进行标记。为了确保区块链中数据的高效和安全验证，Merkle树采用了Merkle根数学公式来验证区块中的数据。

（5）随机数。随机数是一个用于计算区块哈希值的数值，具有随机性。在验证区块的过程中，用户需要确定这个随机数，这一过程也被称为定位随机数。为了验证区块的有效性，难度目标必须满足一定的条件，即它必须等于或小于所验证区块所使用的随机数。

区块链系统的独特性质使其在数据管理方式上与传统分布式数据库存在显著的技术和应用差异。在传统的分布式数据库架构中，中心节点负责数据的管理，因此其安全性和管理能力至关重要。然而，在区块链系统中，节点间的信任关系被打破，节点可能执行恶意计算或发送虚假消息。因此，区块链技术必须考虑拜占庭容错机制以应对这种不信任环境。随着区块链技术的不断创新和广泛应用，以及对智能合约的支持，区块链已经被应用于多个领域，包括互联网、专利保护、政府监管和资产管理等（张志威等，2020）。

从数据管理的视角来看，区块链是一个专门设计用于在分布式环境中管理大量有序关系数据的系统。该系统不仅将数据存储在区块中，而且确保这些数据和与之相关的操作都按照时间序列进行有序管理。

相较于分布式数据库，区块链系统在不信任的网络环境中展现出卓越的去中心化数据管理能力。具体而言，在数据存储功能、事务处理能力、查询处理以及可扩展性等方面，区块链技术均展现出显著的优势。

3.3.4 区块链的分布式记账

分布式账本技术（DLT）是区块链技术的核心组成部分之一。该技术使得多个节点甚至不同地理位置的实体能够共享同一个账本信息。通过应用分布式账本技术，可以有效地解决基础设施中普遍存在的运行成本高昂、效率低下等相关问题。区块链的分布式记账技术如图3-3所示。

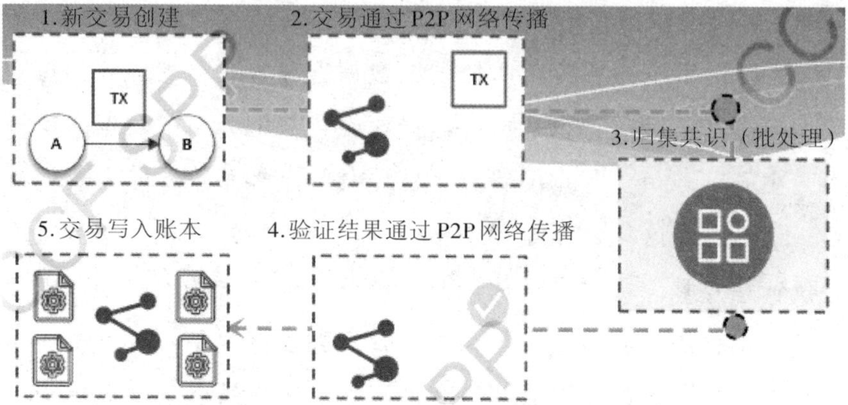

图3-3 区块链的分布式记账技术

3.3.5 区块链的共识机制

在区块链网络中，由于节点的不可信任性，所有节点需要对链上存储的数据执行的时序与内容达成一致，保障节点账本数据的一致性，当其中一个节点对链上的数据进行更新时，其他节点需要对更新操作达成共识（朱立等，2019）。

工作量证明（PoW）是基于计算的共识机制的一个典型代表。在工作量证明机制下，网络中的节点通过执行计算密集型任务来证明其工作量，从而决定哪个节点有权将新生成的区块添加到区块链中。

如在图3-3的区块链数据结构中，包括父区块的Hash值、共识的验证字段以及本区块Hash值，节点通过Hash值计算出该区块的共识验证值，验证条件可用公式（3-1）表示。

$$\text{Hash}\ (\text{Prevhash}|\text{ConsProof}|\text{Merkleroot}) \leq W \tag{3-1}$$

这里，W表示工作量的大小。

3.3.6　区块链的业务构建

区块链较好地实现了数据共享与数据验证组合，构建了点对点（P2P）自组织网络和时间顺序不可篡改的加密共享账本，实现了低成本、多中心监督的数据层信任机制。这种机制确保了数据的安全性和可信度，使得多个中心可以共同监督和管理数据，降低了数据被篡改或伪造的风险。区块链的业务构建如图3-4所示。

建立信任由依赖单个权威机构/某个权威人物转变为多方协作的范式；对协作的监督由完全/绝大多数靠人类行为转变为计算机算法监督。

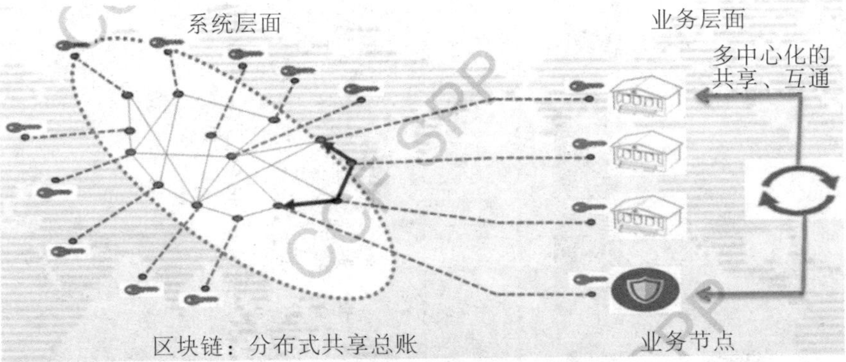

图 3-4　在区块链上构建业务

3.3.7　区块链的数据处理流程

区块链上数据处理流程如图3-5所示。

（1）任何一项数据的收集都将来源及数据结构等记录到区块链，为审计提供依据，为数据交换提供质量保证；

（2）在区块链上以加密的方式记录数据存储加密信息，当需要数据交换时，通过区块链获得密钥解密相关信息，进而获取数据需

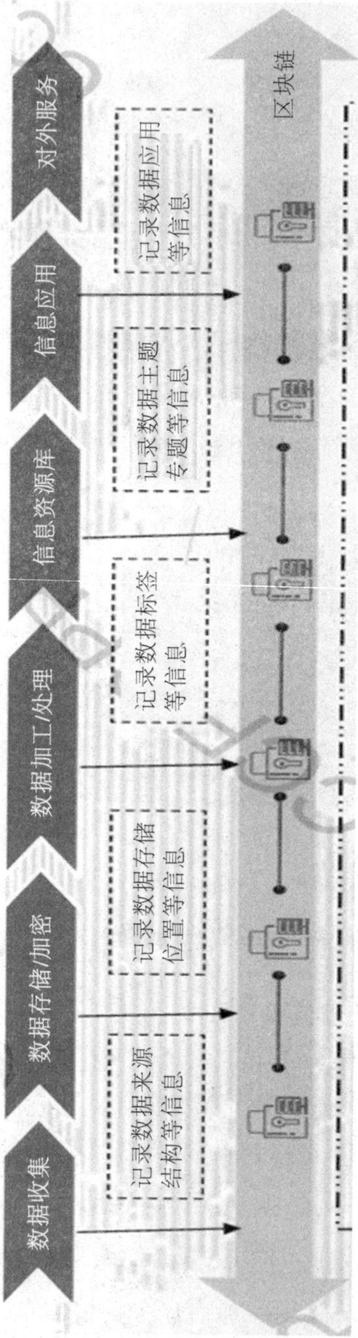

图 3-5　区块链上数据处理流程

求方所要的数据，该步骤保证数据安全，为数据交换提供前提条件；

（3）在数据加工过程中，记录数据加工处理的必要描述信息，为数据交换提供匹配条件；

（4）将数据在信息资源库中进行归类与匹配，使数据归属于主题和专题，为数据交换提供便利条件；

（5）制定数据的检索、鉴权、订阅等服务，为数据交换提供价值条件。

3.3.8 区块链的数据监管机制

（1）现实情况。传统监管模式的惯性，事前报备、事后验收，事中监管缺少有效抓手；报表推送有延时和造假可能。

（2）政策决策支持。系统运转中所形成的各类业务、资金及风险应对相关的过程和结果数据，能够进一步抽象为专项数据，为整体决策提供数据支撑。

（3）项目风险管理。在对项目数据和资金流向精准控制的基础上，分散并锁定资金流向，进一步提升对项目诈骗、伪造合同等风险的感知和应对能力。

（4）业务及资金溯源。基于系统中的贸易流向，精准感知各企业资金流转及使用脉络，进一步实现对项目风险的侧面感知和事前预防。

（5）统计分析。监管机构可在系统中获得直观、准确、多维的业务统计分析数据。

区块链上数据监管机制如图3-6所示。

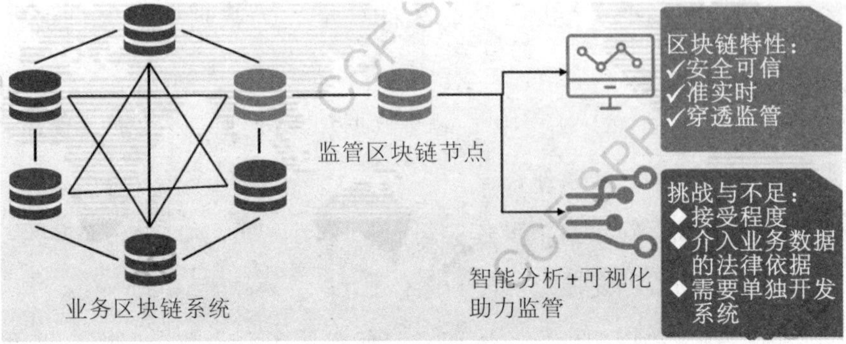

图 3-6　区块链上数据监管机制

3.4　区块链的应用判断准则

区块链提供了一种在不可信任网络环境中实现数据共享的价值传递机制，是构建未来价值互联网的基石，也符合我国数字经济与数字中国建设的理念。区块链发展到现在，可以从以下几个方面来分析其应用（华为区块链技术开发团队，2019）：

（1）从应用需求的视角来看，区块链技术在金融科技行业中的应用正在加速推进，并逐渐从数字货币领域向非金融领域进行渗透和扩散。目前，金融、教育、医疗、物流、数据存证/交易、互联网设备身份认证以及供应链等领域已经开始广泛应用区块链技术。与此同时，文旅、娱乐、创意和软件开发等相关行业也在积极探索和尝试应用区块链技术。这些领域的应用将持续推动区块链技术的创新和发展，为社会带来更多的价值和利益。

（2）市场应用方面，区块链已迅速成为社会各领域的得力工具，其主要作用在于助力社会各界降低平台运营成本。在企业应用领域，具备安全准入控制机制的联盟链和私有链正逐渐成为主流趋势。此外，区块链还将推动公司现有业务模式的数字化转型，为公司的快速发展注入新动力。同时，去中心化自治组织也逐渐融入商业管理体系，为公司带来更加灵活和高效的运营模式。

（3）在底层技术层面，区块链技术有望引发数据传播、数据记录及数据存储管理模式的重大变革。作为一种开源协议，它植根于互联网的底层，不仅展示了巨大的潜力，更可能在未来逐步撼动并最终替代现有的互联网基础协议。通过融入信任机制，它为底层技术的创新提供了坚实的支撑。然而，随着区块链技术的广泛应用，安全问题在应用领域中也日益凸显。因此，在应对这些挑战时，我们必须全面考虑技术和管理的因素。确保安全可信是区块链技术的核心要求，制定并实施统一的安全规范显得尤为重要。

（4）服务提供方式方面，公有云平台因其开放性和云资源的易获取性，成为推动区块链创新发展的理想选择。随着区块链与云计算技术的日益融合，它们有望共同构建成为公共信用领域的基础设施，为社会各界提供更加高效、可靠的服务。

（5）在社会结构层面，区块链技术展现出了巨大的潜力，有望将社会、经济、法律和信息管理等多个领域融为一体，从而颠覆传统的监管和治理模式，促使组织形态发生深刻变革。尽管区块链的创新发展与监管之间存在某种程度的冲突，但它们也终将实现高度融合。最终，区块链技术将成为推动社会走向智能合约和法治化进程的重要工具之一。

那么，什么领域适合区块链技术创新应用呢？当前适合的创新应用场景主要有三个特征：一是对数据存储、多方参与以及去中心化的需求；二是对数据真实性、共享性要求高；三是存在初始状态下相互不信任的多个参与者建立分布式信任的需求。

区块链面向行业应用需要多方参与，构建行业联盟链，解决多状态、多环节、多方相互不信任等的协同应用，形成区块链相关标准（中国电子技术标准化研究院等，2023）。判断某场景是否需要区块链的流程如图3-7所示。

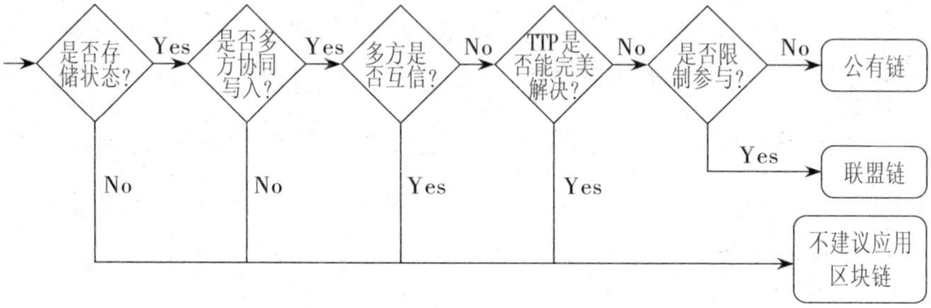

图 3-7　判断某场景是否需要区块链的流程

图3-7展示了区块链应用的判断准则，其每个准则解释如下：

准则一：是否存储状态?

在区块链的结构中，最核心的部分就是用来存储交易的信息能够存储为链表，每个区块有相对完整的数据。

首先来看什么样的数据不适合上链。

（1）从业务的角度来看，不需要共享的数据不适合上链。例如，用户的私钥是不能共享的信息，是不能上链的。

（2）从性能角度方面考虑，频繁更新的数据和过于庞大的数据是不适合上链存储的，如音视频、日志文件等。主要原因：第一，区块链上存储的数据作为链的一部分，会被永久保存并同步至每个节点，这是确保区块链完整性的关键。第二，若存储的数据过于庞大，将占用较大的存储空间、严重影响数据同步性能。此外，当前的区块链交易需经过密码学算法对哈希函数和加解密签名进行运算，交易数据还需通过共识算法处理后方可最终写入区块。因此，过于频繁的写入操作在区块链中将需要较好的计算资源，从而不适用于区块链。

其次，再来看什么样的数据适合上链。

对于那些需要可信赖、可共享、不可更改以及可追踪的数据，区块链技术是一个绝佳的选择。例如，在金融和保险行业中，交易数据的安全存储、不可篡改及回溯等都至关重要；而在能源领域，区块链则被用来精确记录电量的每一次交易，包括电量的产生、传输和最终使用，所有这些数据都被永久且不可篡改及可回溯地保存在区块链上。

准则二：是否多方协同写入？

完成了存储状态的判断之后，接下来就要对是否多方协同写入进行判断。区块链的核心特性之一是去中心化，这种特性在多方协同写入数据时尤为显著。为了体现这一特点，区块链应用要求所有参与方都须具备预先设定好的写入权限，并确保这些参与方之间形成相互制衡的关系。这种机制旨在实现去中心化的目标，确保数据的安全与可信度。

准则三：多方是否互信？

多方之间的互信程度是评估一个应用是否适合采用区块链技术的重要指标。区块链的应用目标在于促使互不信任的各方通过区块链的信息传递来建立信任关系。这种信任建立的过程不仅高效、快捷，而且成本相对较低，从而提供了极高的性价比。

区块链技术结合了密码学的数字签名机制和哈希函数，从而确保了交易发起者的身份真实性和无法伪造的特点。此外，通过区块的链式哈希函数，历史交易被永久记录并难以被篡改。因此，区块链所固有的互信特性为其去中心化提供了坚实的基础。以区块链为基石的互联网致力于解决信任传递的难题，其独特的特点为互联网带来了前所未有的互信属性。

准则四：信任第三方（Trusted Third Party，TTP）是否能完美解决？

信任第三方的主要弊端在于高昂的成本、复杂的接入运营流程以及权力的过度集中。权力的过度集中，可能导致腐败的风险增加、容易受到人为干预和黑客攻击的威胁等问题。而区块链技术的独特去中心化和可信任性，为解决这些问题提供了最佳的技术方案。目前，尽管许多看似通过信任第三方解决的信任问题，实际上并未得到完美的解决，例如电商与用户之间的纠纷频发。因此，在判断一个应用是否适合采用区块链技术时，一个关键的标准是评估信任第三方是否能够完美地解决当前的信任问题，以及考虑信任第三方的缺陷和成本是否可接受。基于这些考虑，可以确定是否采用区块链技术。

准则五：是否限制参与？

是否限制参与这一指标主要用于判断创新应用适合公有链还是联盟链。实际上，公有链和联盟链并无绝对的优劣之分，而是各自适用于不同的应用场景。

公有链在用户准入方面相对宽松，尤其在虚拟货币的应用中，几乎任何个人或机构只需完成简单的注册流程，生成相应的私钥和证书，即可轻松参与其中。

相比之下，联盟链的运行机制则更为严格。在联盟链中，未经授权的个人或机构是无法参与的，它的使用必须建立在相互信任的基础之上。有意加入联盟链的成员需要经过一系列严格的审核流程，以确保其符合参与区块链的资格要求。这种机制确保了联盟链中各参与方之间的信任关系得以维护。同时，通过区块链的不可伪造、不可篡改等特性，各参与方能够相互监督，确保链上数据的真实性和可信度。

3.5 区块链面向信任科技演进

信任是指相信对方为诚实、可信赖、正直的。

信任作为一个抽象且结构复杂的概念，在不同的学科领域如心理学、社会学、管理学、经济学和营销学中，其定义存在多样性。目前尚未形成统一的信任定义。然而，各领域普遍认同的一点是：信任是交换关系或交易关系得以建立的基础。

在社会科学领域，信任被视作一种依赖关系。当某个人或团体被认为值得信赖时，这通常意味着他们遵循着一定的行为准则，如法律法规、道德守则以及他们先前的承诺。卢曼（Luhmann）曾对信任给出了如下定义："信任是为了简化人与人之间的合作关系而存在的。"这一定义强调了信任在人际合作中的简化作用，合作双方能够基于彼此的信任而顺畅地展开合作。

在心理学领域，信任被视为一种人格特征和人际关系，不同个体间的信任程度因个性差异而有所不同。

营销学对信任的研究则主要集中在交易活动上，探讨如何建立和维护消费者与品牌、公司之间的信任关系。

信任可概括为一种存在于委托人和受托人间可衡量的信念或信心。委托人通过获取、分析受托人历史行为信息，直接或间接地预测受托人的未来行为特征，实现"利益最大化、风险最小化"的目的。随着新技术的快速发展，经济活动在从物理世界向数字世界转移，需要新型信任体系支撑数字经济活动。传统信任体系需要通过技术升级以满足愈发凸显的数字化需求，数字信任落地需优先解决技术自身信任，为数字信任落地建立基础设施条件，从而构建数字世界的原生信任机制，实现信任的可验证。

随着数字世界信任相关技术的融合发展，未来信任科技将逐渐由可验证式信任向可预估式信任发展。未来信任科技主要研究数字世界信任自适应高可用模型的构建，融合社会学、运筹学等理论科学方法，探索事前的可预测性、事后状态的可验证性，实现信任的可预估，构建面向不同场景的数字信任架构。

3.5.1 数字时代对信任的需求

数字经济时代，数据是新时代创新发展的核心驱动力，已成为数字化、网络化、智能化的基础。

随着整个社会逐步向数字化转型迈进，数字技术与实体经济的融合日益紧密，推动了金融的数字化和货币的数字化以及产业的数字化发展。在这一过程中，数据逐渐转变为资产和要素，导致“外挂式信任”模式面临着越来越多的挑战。数字经济时代对于数据要素全流程可信管理提出了更高的信任需求，涉及数据存证、身份管理、隐私保护、数据传递等众多环节。

数字经济时代的来临，无疑为社会带来了巨大的变革和前所未有的机遇。在这个全球数字化的时代，信任的发展成为数字经济的根本动力。数字经济的发展离不开人们对于互联网安全、数据隐私和在线交易的信任。只有建立了稳固的信任基础，数字经济才能持续稳定地发展。

首先，信任是数字经济中互联网安全的基石。随着数字技术的普及，互联网安全问题日益突出。个人和企业在数字经济中进行交易、存储和共享敏感信息，互联网安全的风险随之增加。只有建立起对互联网安全的信任，才能有效地防范互联网攻击和数据泄露的风险。通过加强互联网安全技术的研发和应用，以及建立健全法律法规和监管机制，可以提高人们对数字经济的信任度，进而推动数字经济的发展。

其次，信任是数字经济中数据隐私保护的基础。在数字经济时代，个人和企业的大量数据被收集、分析和利用。然而，数据隐私问题也成为数字经济发展的重要挑战。只有确保个人和企业的数据隐私得到有效保护，人们才会愿意将自己的数据交给数字经济系统。通过加强数据隐私保护的法律法规和技术手段，可以增强人们对数字经济的信任感，从而促进数字经济的繁荣。

最后，信任是数字经济中在线交易的基石。随着数字经济的发展，越来越多的人选择在线进行交易。然而，由于信息不对称和交易风险的存在，人们对在线交易的信任度较低。只有建立起对在线交易的信任，才能促进数字经济中的商业活动。通过建立可靠的在线支付和交易平台，以及加强对交易的监管和保护，可以提高人们对数字经济中在线交易的信任度，从而推动数字经济的发展。

总之，数字经济时代信任的发展是数字经济持续发展的根本动力。只有通过加强互联网安全、数据隐私保护和在线交易的信任，才能推动数字经济的繁荣和健康发展。我们应该共同努力，建立起一个可信赖的数字经济环境，为数字经济的未来发展奠定坚实的基础。

3.5.2 多技术融合构建信任科技

随着区块链应用的系统化、规模化和成熟化，其应用领域已从可信存证等初步应用逐步拓展到数字商品确权流通等更广泛的领域。区块链技术为互联网上的经济活动提供了日益丰富的数字化信任服务，有效促进了交易的透明度和安全性。然而，单纯依赖区块链技术来解决互联网中所有的信任问题是不切实际的。需要综合考虑各种新型数字技术，如人工智能、区块链等，通过融合创新，用数字技术创造信任，进而构建一个完善的信任体系。这将有助于推动金融科技的健康发展，提升整体社会的信任水平。

信任科技从“信息、信任、信用”角度出发，以构建数字原生的信任基础设施为目标，融合区块链、隐私计算、数字身份等多种技术，围绕信息可信上链、链上信任增强、链上信任管理（信用）和与传统信任体系的互通互信等路径探索科技创造信任，赋能产业创新发展。

应通过可验证式信任技术合力构建互联网信任层，推动信任科技概念落地。经济活动需要信任支撑，随着世界重心从物理世界向数字世界的转移，经济活动由线下转移到线上，互联网信任层的缺失导致其难以支撑价值传递，以区块链、隐私计算等为代表的可验证式信任技术不断融合，构建起以区块链为主体的信任科技体系，提供了数字世界中用户关系的形式化验证方法，构建起数字世界中可验证式的信任，保障了技术及数据的可信安全使用。

应探索如何通过信任机制为数据要素流通赋予可信度，并在此基础上重构整个数据要素流通体系。在数字经济时代，数据已转变为一种独特的生产要素和战略资源，为经济的高质量发展注入了新的活力。然而，数据的特性——可共享、可复制、无限增长和广泛供给等，使其流通方式与传统要素存在显著差异。为了有效管理数据流通，我们需要在政策、法律、技术和监管等多个层面进行协同努力。

应探索数字技术如何增强数据流通的可信度，特别是区块链、NFT、分布式数字身份和数字钱包等前沿技术。这些技术将为数据的确权、授权和传递环节提供坚实的信任基础，从而推动线下信息转化为线上价值，并构建一个数字化、可信赖的价值传递通道。通过这些措施，我们期望能够重构数据流通体系，使其更加安全、高效和透明。

应通过区块链助力自我主权身份落地，填补互联网身份层空白。互联网身份层的缺失，直接或间接导致了数据孤岛、数据滥用、易改难信和难管难通等问题。可信数字身份成为数字经济新锚点，但现有身份体系缺少管理机构对身份信息安全管理的信任，用户身份缺少自我主权，导致当前身份体系难以满足价值互联网新场景需求。基于区块链的分布式数字身份出现，一定程度解决了以上问题，构建了以人/机/物为中心的自我主权身份体系，实现了各业务方权利的对等、责任的明确以及利益的保障，补齐了互联网原生协议身份层，搭建了价值互联网入口。

3.6 区块链在金融领域中的应用

随着区块链技术的创新应用和产业生态的迅速壮大，公有链和联盟链两大技术体系已经凸显出其独特的优势和适应性，分别在技术创新、应用路径和产业布局等方面展现出强大的实力（华为区块链技术开发团队，2019）。在数字经济的蓬勃发展下，区块链作为“信任机器”和“信任网络”的核心角色将愈加明显，公有链与联盟链等应用将进一步融合创新发展，共同推动全球区块链产业朝着以共建共享、开源开放、绿色高效为核心的新发展阶段迈进。

公有链在技术演进方面主要致力于兼容性、扩展性和降低能耗等方面的技术优化，以进一步提升其去中心化程度，目前主流公有链的节点规模已达到万级左右。在技术创新方面，Web3.0将推动公有链技术进一步突破，引领数字身份、智能合约、隐私保护等多个领域的创新应用，为区块链产业的持续发展注入新的活力（中国信息通信研究院，2023）。

联盟链技术着重于业务场景需求的持续优化。在技术演进方面，它主要通过融合开源项目的优势，不断优化架构、共识机制和性能，以解决高安全性、高可扩展性、高吞吐量和低延迟等挑战。在技术创新方面，联盟链以可信协作业务需求为驱动力，持续推动技术的升级和改进。

目前，区块链技术的发展主要围绕联盟链和公有链等体系展开，并已形成了两种主要的应用模式：实体经济数字化应用和数字原生应用。其中，实体经济数字化应用主要关注数据的可信存储和传输，通过技术信任来降低制度信任和人际信任中存在的风险，进而实现数据要素价值的最大化。而在数字原生应用中，区块链作为支撑数字世界信任体系的关键底层技术，通过创新如非同质化通证（Non-Fungible Token，NFT）和数字资产等模式，形成了独特的生态闭环，推动了数字原生经济的持续发展。

实体经济数字化应用主要以联盟链为核心，推动各行业的数字化转型，呈现出应用多元化的明显趋势。尽管实体经济数字化在多个领域已取得了显著的应用成果，但仍有部分应用面临着产业化能力不足的难题，因此在持续运营和推广过程中遭遇了挑战。

数字原生应用以公有链为主导，构建了数字原生经济的可信基础。目前，部分应用已经初具规模，基于公有链的数字资产应用也在不断拓展，呈现出丰富的应用场景。其中，NFT作为当前最为活跃的应用形式之一，通过赋予特定数字化物品唯一的权属凭证，加速了数字资产化的进程。NFT为数字内容的确权提供了一种创新的思路，并构建了数字资产可信传递的基础设施，推动了数字原生经济的发展。

区块链的应用范围正日益扩展，多个领域中的创新活动持续保持活跃态势。目前，区块链产业已经迈入了“协作链”和“信任链”的新发展阶段，为推动各行业的供需有效对接、保障生产要素的有序高效流动以及探索数字经济模式的创新提供了坚实的可信基础。在国家区块链创新试点工作的推动下，区块链技术正深度融入经济社会的各个领域，数字化转型持续推动业务场景的创新与流程的优化。同时，基于可信的技术底座，数字原生应用得以开拓，以机器信任重塑产业主体间的数据共享及协作机制，为产业的持续发展注入了新的活力。区块链信息服务前十批备案应用分类如图3-8所示。

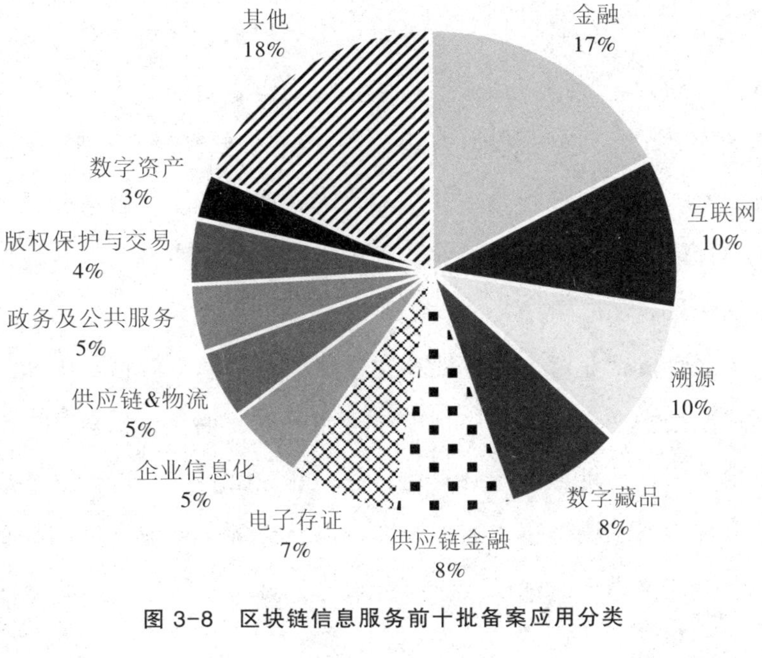

图 3-8　区块链信息服务前十批备案应用分类

3.6.1 金融应用

金融是核心，技术则是实现手段。在金融业迈向数字化转型的过程中，区块链技术发挥着至关重要的作用。相较于其他技术，区块链与金融业的数字化转型需求展现出更高的契合度。首先，区块链将成为金融基础设施数字化转型中的核心技术；其次，虽然数字金融应用尚未达到理想状态，但借助区块链的多方安全计算平台，可以更有效地推动数据共享，进而优化算法模型，助力数字金融的落地实施；最后，通过多方组网联盟链，区块链能够有效解决传统金融中协作成本高、效率低的问题。无论是金融基础设施的升级建设，还是业务层面的创新与改造，区块链都是数字金融建设的核心或关键技术。

区块链技术在金融科技领域具有与生俱来的优势，这源于其互联网基因所决定的特性。从主观意愿上分析，金融机构对于区块链技术的探索欲望尤为强烈，因为它们迫切需要新的技术工具来提高运营效率并削减成本，以应对当前全球经济环境的挑战。而从客观条件上看，金融科技行业市场潜力巨大，即使是一些微小的技术进步也可能带来显著的经济效益。因此，区块链技术在金融科技领域的应用前景非常广阔。

金融科技行业对于稳定性和安全性的要求非常严格，因此，如果区块链技术在该领域的应用能够得到验证，那么它将会产生巨大的示范效应，并迅速推广到其他行业。在金融科技领域，除了数字货币应用外，区块链技术还逐渐在供应链金融、跨境支付、数字票据、保险、资产证券化以及银行征信等领域得到应用。这些领域的探索和实践，将进一步推动区块链技术在更广泛领域的应用和发展。

在中国区块链金融领域，金融科技机构、金融科技公司以及技术服务商已紧密融合，形成了三位一体的合作模式。该行业的主要参与者可归结为三类：首先是金融机构，包括银行、证券和保险等机构，它们在区块链技术运用于金融科技领域的实践探索中占据重要地位，并致力于在金融科技创新中实现深度融合。值得注意的是，不仅银行业的头部和中尾部机构都积极参与，保险和证券行业也有头部企业的引领。其次是金融科技公司，它们不仅积极推动自身的数字化转型，还将区块链技术应用于金融业务中，为金融科技的持续发展注入动力。最后，还有专注于区块链底层技术研发的技术服务商，它们不仅研发先进的数字技术解决方案，还将这些方案提供给金融机构和部分金融科技公司，以推动区块链技术在金融领域的广泛应用。

技术服务商正努力提升自身在金融科技业务领域的专业能力，以便为金融科技机构提供更全面的业务解决方案，实现从单一技术到完整业务方案的升级。金融科技公司则在专注于深化区块链核心技术研发的同时，积极寻求获得金融牌照，在金融科技业务和技术两个维度上均取得显著进展和突破。而金融科技机构则在不断加大对区块链技术的投入，其中一些头部的金融科技机构已经开始向同行业提供技术输出服务。这种融合态势预示着未来金融科技行业的发展将更加依赖于技术与业务的深度融合。中国区块链金融行业参与者分析如图3-9所示。

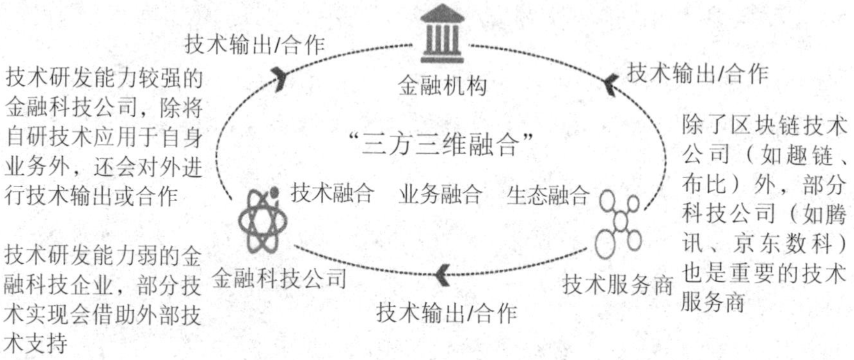

图 3-9　中国区块链金融行业参与者分析

3.6.2　“监管沙盒”发展

在以数字技术为依托的金融科技生态下，数据是整个金融科技应用的基础和重要的环节之一。金融科技的应用使得交易高效、快捷，同时数据的集中度也高，面临的技术风险、数据风险和操作风险等也就越大。

通过强化数字金融基础设施的构建以及实施“监管沙盒”政策，将推动金融模式的深度创新，实现全域金融服务的深度智能化和全面普惠化。这一战略将为金融科技行业的未来发展注入新的活力，推动金融服务的普及和优化，为广大民众提供更加便捷、高效和安全的金融服务体验。

金融科技的“监管沙盒”是一个专为平衡金融科技创新与监管的测试环境。在这个独特的空间中，获得准入许可的金融科技公司得以对创新的金融产品进行测试，而无须受到现行监管框架的限制。监管沙盒机制的存在，使金融科技创新业务在正式进入市场前有机会对产品进行全面的测试。这既是为了确保产品能够有效地防范风险，也是为了鼓励创新，进一步激发金融科技创新的活力与潜力。

3.6.3 金融科技能力发展趋势

经过深入研究2021—2025年中国金融科技能力发展趋势，可以得出构建金融科技三层核心能力框架的结论，即“全栈安全及性能成熟、全域可信、深度智能”。这一研究以金融科技行业的整体趋势和技术需求为指引，综合运用公司调研、行业专家分析与访谈、数理实证研究和案例实证研究等多种方法，全面剖析了金融科技行业的当前状况和未来走势。这一结论为金融科技行业的发展提供了重要的指导和支持，将推动行业迈向更高水平的发展。2020—2030年中国金融科技效能趋势象限如图3-10所示，2021—2025年中国金融科技能力发展趋势如图3-11所示。

3.6.4 区块链在供应链金融场景中的应用

1）公有链技术聚焦可扩展性提升，可验证计算研发活跃

公有链扩容技术多样化发展，带动隐私计算技术融合发展。公有链去中心化部署、分散化运维的特点，决定了其难以通过频繁的版本更新进行全网节点升级，随着NFT（Non-Fungible Token，非同质化通证）、Web3.0等相关业务的兴起，链上交易规模和频率快速增长，公有链现有交易处理能力难以满足应用需求，性能问题日益突出。

可验证计算兼顾效率和安全，成为公有链技术创新的重要方向。可验证计算需要将计算任务外包给第三方算力提供者，其发展关键在于零知识证明的研发和应用。零知识证明的重要性不仅在于能够解决数据隐私方面的问题，还在于允许参与方验证计算结果的正确性，从而进一步保障区块链技术体系的安全性。

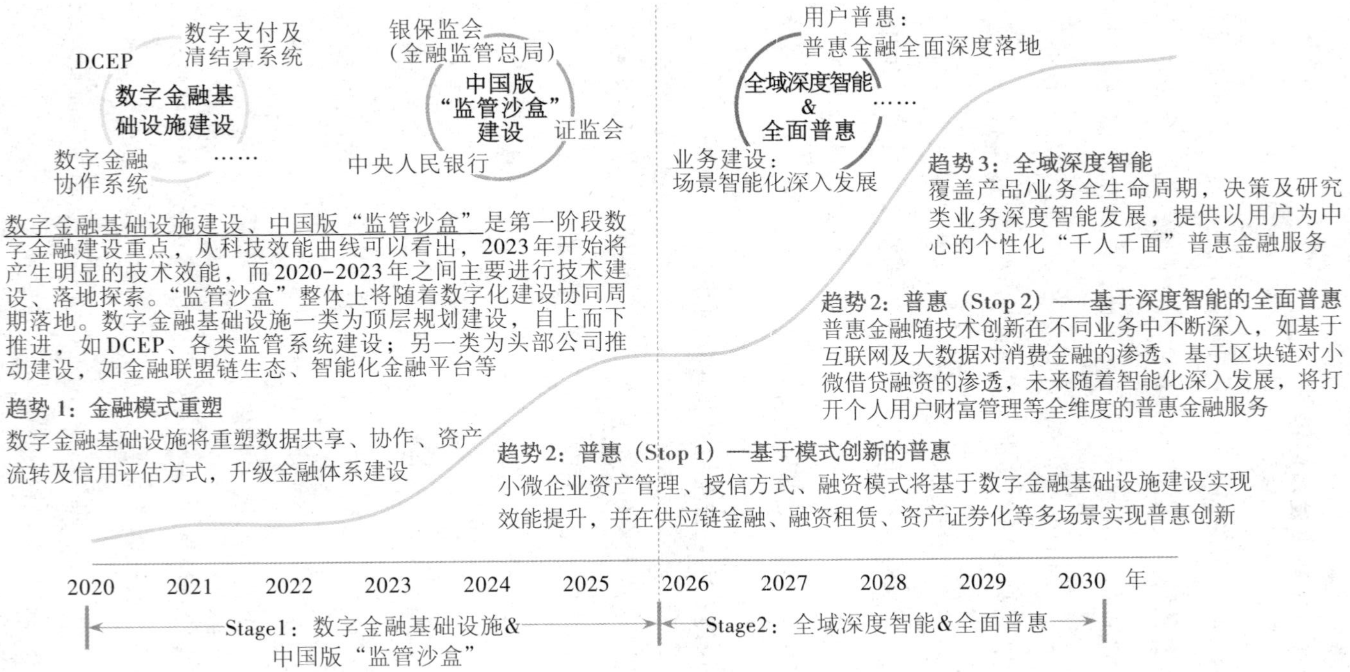

图 3-10　2020—2030年中国金融科技效能趋势象限

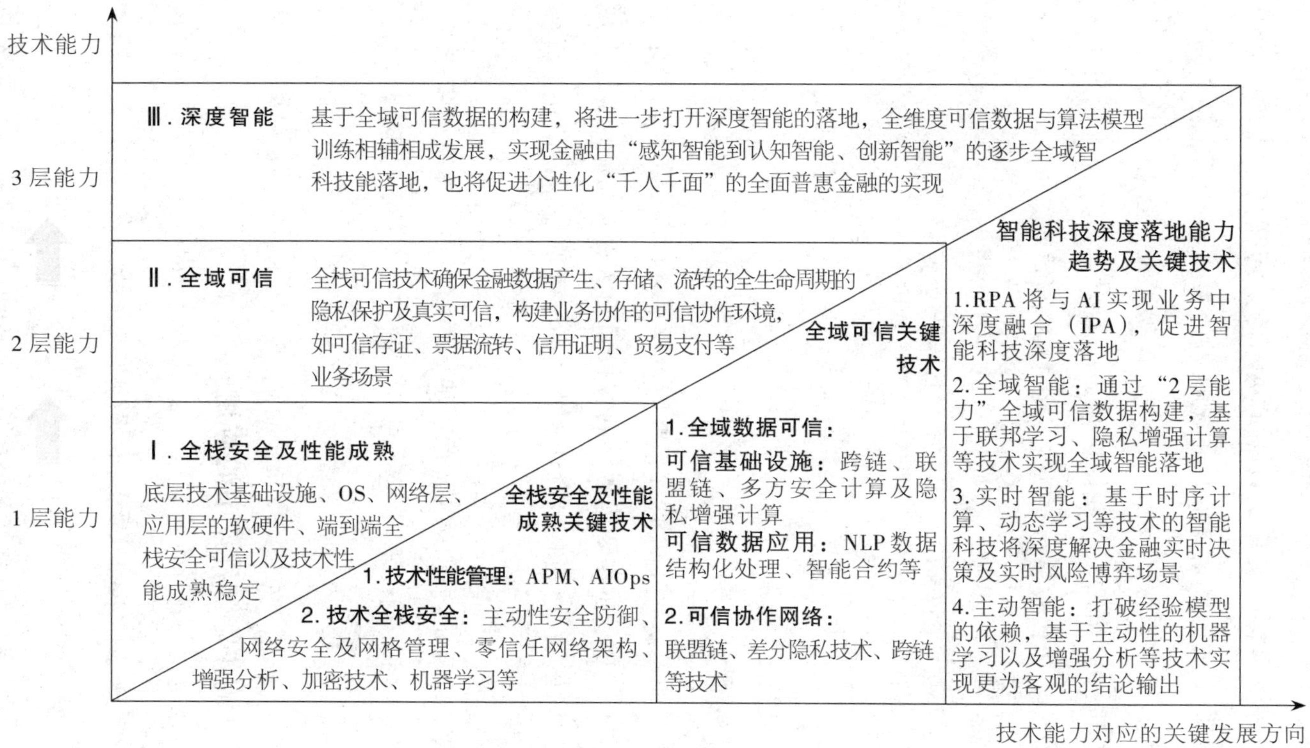

图 3-11　2021—2025 年中国金融科技能力发展趋势

资料来源：根据艾瑞咨询研究院2021—2025年相关报告整理。

2）联盟链技术面向应用深度优化，国产区块链生态稳步壮大

联盟链技术持续优化，以满足更广泛的应用场景需求。我国区块链企业已成为联盟链底层关键技术研发主力，特别是Web3.0等新应用、新业态快速发展，催生大规模节点、多用户协同、海量交易上链等应用需求，我国区块链企业对联盟链技术研发进一步加大投入。如蚂蚁链、华为链、ChainMaker（长安链）、中兴区块链、晶格链、SinoChain（信诺链）、Hyperchain（趣链）等区块链产品交易性能CTPS均超过5万，基本上满足中等规模的应用场景需求。

国产区块链产品占据主流市场，自主生态正稳步发展壮大，降低了区块链技术“卡脖子”风险。

3）开放联盟链成技术发展新方向，面向区域行业加速渗透

开放联盟链融合了公有链和联盟链特点，产品服务形态持续迭代。Web3.0应用场景需要为数字内容权属确认、交易流转等提供技术基础，结合公有链和联盟链技术优势的开放联盟链产品正逐渐被市场接受。

开放联盟链正面向区域和行业加快部署，生态体系逐步成型。区块链产业调研显示，国内近44%的厂商正在布局开放联盟链相关技术研发。

3.7 区块链在监管科技中的应用

随着区块链技术的广泛应用和产业的逐步成熟，全球各地的政府正在加速优化区块链的监管治理体系，以探索基于区块链的Web3.0、数字资产等创新发展路径。我国的地方政府也在积极布

局，通过政策支持和机制创新等手段，推动产业发展与监管合规的协同推进，为数字经济的发展开辟新的路径和模式。

1）全球对数字资产的监管正在逐步加强，展现出审慎而明确的发展态势

一是欧美等发达国家在数字资产监管方面发挥了引领作用，积极构建监管框架。基于区块链的数字资产仍然是全球监管机构重点关注的对象之一，这些国家正围绕着数字资产加快完善其监管体系。具体而言，欧盟已率先出台了首个加密资产监管框架。2023年5月，《加密资产监管市场法案》（简称MiCA法案）正式获得通过，该法案统一规范了欧盟境内的各类加密资产服务提供商和发行商，覆盖了包括27个国家和4.5亿欧盟人口在内的庞大加密资产市场。这一重要举措不仅为欧盟内部提供了清晰的监管指导，同时也为全球其他国家的加密资产监管提供了宝贵的示范和参考。

二是美国在数字资产监管方面同样秉持着“负责任地创新”的理念。2022年3月，美国总统拜登签署了一项名为《关于确保负责任地发展数字资产的行政命令》的法案。随后，在同年的9月，白宫发布了全球首个综合性的《数字资产负责任发展框架》。该框架旨在评估加密货币的优势，并同时防范相关的安全风险。该框架明确了七大关键事项，其中包括发展美国央行的数字货币等，旨在通过制定相关政策来推动加密货币行业的健康发展。这些措施体现了美国在数字资产领域的积极态度，并为其未来的发展提供了重要指导。

三是新加坡在稳定币监管方面也采取了积极措施。该国金融管理局于2023年8月正式发布了针对稳定币的监管框架，从适用范

围、储备金管理、从业资质以及安全风险四个维度进行了全面规范。这一监管框架的出台标志着新加坡在数字货币领域的监管进一步细化和完善。

2）我国的技术监管兼顾平衡发展与安全，逐步细化监管措施

我国的技术监管既关注发展，又重视安全，各项监管措施也在逐步具体化。目前，多个地区纷纷推出与数字资产相关的政策，但整体治理体系还有待进一步完善。近年来，随着一系列数字化建设政策的陆续出台，我国已经基本建立了一套完善的数字化发展战略规划与政策举措相结合的政策框架。

在国家政策的引领下，各地方政府也积极响应，出台了一系列与数字资产相关的政策措施。这些政策主要围绕四个方面展开：首先，强调推动区块链等数字化技术的广泛应用；其次，着重完善数字资产的确权和交易机制，以保障数字资产的合法权益；再次，加强对数字内容的保护，防止侵权行为的发生；最后，积极探索新的商业模式，以推动数字资产的创新发展。

中国香港积极构建全面的虚拟资产监管体系，并稳步向审慎开放阶段迈进。在2022年之前，香港特区政府已经为香港的区块链监管政策奠定了坚实的基础。针对证券类虚拟资产、期货类虚拟资产以及虚拟货币平台交易，特区政府制定了详细的分类监管策略。这些策略旨在利用传统的金融工具来规避由加密金融活动可能带来的金融风险，确保市场的稳定与安全。

3）技术创新推动监管优化升级，助力提升应用场景

监管沙盒作为一种创新与监管的调节手段，旨在平衡技术创新与监管合规，从而在推动创新和提升效能方面发挥关键作用。它能够打破当前法律法规难以迅速适应技术快速发展的困境，推动政

策、业务和技术之间的协同探索。通过这种方式，监管沙盒允许部分新型业态获得政策支持和减少监管负担，从而激发行业的创新与竞争活力。

数字技术的创新应用正日益活跃，迫切需要构建一个开放包容的治理体系。为了进一步推动数字经济的突破性发展，数字资产的大规模应用落地显得尤为关键。

3.8 区块链面临的问题及发展趋势

3.8.1 面临的问题

区块链发展面临的问题如图3-12所示。

图3-12 区块链发展面临的问题

（1）技术问题——性能瓶颈。因为采用了多中心机制，以及执行共识算法、加密/解密算法、数字签名及验签等复杂操作，使得区块链单纯在计算性能方面难以超越同等配置的中心化系统。

（2）监管问题——安全与隐私保护是至关重要的需求。在商用领域，由于无法承受匿名区块链体系中存在的各种风险，需要探索一种更为安全、具有更强约束力的区块链应用体系，以满足实际业务需求。这种新型的区块链应用体系将能够提供更高级别的安全保障和隐私保护，从而确保商业交易的安全性和可信度。

（3）成本问题。在研发新系统或改造现有系统的过程中，必须权衡成本与效益，确保投入的时间和精力能够带来合理的回报。

（4）人才问题。由于从业人员需要具备多元化的能力，包括人工智能技术、区块链技术、云计算技术、密码学原理及相关业务知识等，这使得符合要求的人才相对稀缺。因此，培养和吸引这类复合型人才成为了一个具有挑战性的任务。

2020年4月20日，国家发改委指出，新型基础设施的建设主要包括三方面内容：

一是信息基础设施建设，主要包括基于新一代信息技术的各类设施建设。这些设施涵盖了现代网络基础设施（如5G、工业互联网和卫星互联网等）、新技术基础设施（如人工智能、区块链和云计算）以及算力基础设施（如数据中心和智能计算中心等）。这些设施共同构成了信息基础设施的核心组成部分。

二是融合基础设施建设，主要涉及对互联网、大数据、人工智能等新技术的深度整合。通过推动传统基础设施的转型升级，我们可以打造出一系列深度融合的新型基础设施，如智慧城市基础设施、智慧能源基础设施和智能交通基础设施等。这种深度融合的方式将极大地提升基础设施的效率和智能化水平，为社会的进步和经济的发展提供坚实的支撑。

三是创新基础设施的建设，这是当前的关键任务，主要包括支撑科学研究、技术开发、产品研制等具有国家属性或公益属性的基础设施建设。这些基础设施包括但不限于重大科技基础设施、科教基础设施和产业技术创新基础设施等。随着技术革命和产业变革的不断推进，新型基础设施的内涵和外延也在持续演变。因此，我们需要持续关注并对其进行深入研究，以确保其能够适应科技进步和社会发展的需求。

3.8.2 发展态势

技术未来发展趋势可以概括为：跨链技术的进一步探索与应用、用户认证机制的完善与创新、对安全问题的持续关注与解决、标准化问题的解决与推进，以及云技术与BaaS服务的深度融合等。

（1）持续优化性能：不断努力提高区块链的计算效率，确保其能够应对大规模并发操作，并具备出色的可扩展性，以满足日益增长的需求。

（2）确保安全：不断加强和完善针对不同区块链架构的安全防护措施，以确保业务运营和数据安全无虞。

（3）隐私保护：在维护区块链分布式数据同步原则的同时，通过增强基于权限的隐私保护能力，确保用户数据的隐私安全。

（4）跨链促进：推动跨链共识算法的持续演进与成熟，以实现不同区块链体系之间的互操作性和最终跨链连接。

（5）智能合约增强：不断加强智能合约的事务处理能力，以适应更广泛的应用场景，提升其实用性和灵活性。

（6）公共服务应用打通数据堵点，助推数据价值释放：基于区块链的政务数据共享平台助力数字政府建设。区块链应用促进数据开发利用，探索数据要素流通机制。

（7）实体经济应用促进产业协同，推动数实融合发展：我国区块链应用从数字金融向千行百业逐步扩展，已在通信、金融、制造、能源等领域落地多项典型应用。航运贸易联通实体经济各类主体，基于区块链的数字化应用成为创新重要方向。

（8）数字资产应用拓展要素边界，赋能多方价值互联：数字资产是数字化时代资产呈现与流通的新形式，我国数字资产发展尚在探索。海外基于区块链的数字资产规模和种类增长迅速，市场热度不减。国内数字资产重点围绕双碳场景开展探索，有望发挥重要作用。

（9）数字身份应用支撑信任传递，夯实数字空间基石：数字身份已成为数字世界的重要入口，分布式架构优势明显。数字身份技术研发进入快车道，应用场景不断拓展。

3.9 本章小结

区块链是一种创新且去中心化的分布式基础架构和计算方式。它使用区块链式数据结构进行数据验证和存储，并通过分布式节点共识算法来生成和更新这些数据。此外，区块链还利用密码学技术确保数据传输和访问的安全性，从而提供了一种全新的数据处理和交易方式。

在本章中，主要论述了区块链技术的基本原理和特性，论述了区块链的技术框架、功能视图架构等，给出了区块链的应用判断准则、信任评价机制以及在监管科技中的应用。

4

金融科技的风险与监管

本章从金融科技的风险与监管问题出发，针对金融科技中的风险理论、风险种类、风险分析以及风险的防范与化解问题进行研究与分析。本章对金融科技中的风险理论进行了研究，给出了金融科技的风险分析方法，设计了金融科技风险的防范与化解方案，提出了金融监管政策的建议。

4.1 金融科技风险防范的重要意义

数字技术的高速发展正推动金融科技的创新应用，这使得金融供应链日益复杂。因此，金融科技机构间的联动性和风险传染性已成为近十年来金融科技风险研究领域的核心和热点（李扬等，2023）。

金融科技主要是新技术催生的新金融服务模式和金融产品。金融科技一方面是“科技与金融融合”带来的新金融服务模式，另一方面是“金融与技术融合”带来的传统金融服务的改进。金融科技，虽然本质上是金融的一种表现形式，但在其以迅猛之势推动社会经济发展的同时，由于它融合了科技与金融的独特属性，被视为一个前所未有的新兴行业。人们对其所带来的风险感到担忧。金融科技的应用不仅增加了传统金融系统的风险，也使得金融科技公司自身面临众多挑战和风险（田晓丽、李鹏燕、刘岱，2021）。金融科技风险的研究具有重大意义，本章主要聚焦于潜在的风险难题，深入剖析了金融科技风险的网络构造特性、风险传播机理、量化指标体系及度量评估方法。此外，本章也致力于探究多种模型间的相互关联与差异，旨在为风险分析提供更为全面的视角。首先，通过实证研究进一步厘清风险传染机制，这有助于我们更准确地理解金融科技风险在不同机构和市场之间的传播方式。其次，统一对系统性金融风险的度量标准，这将为风险管理和监管提供更为一致的评估框架。最后，探索防范金融科技风险的有效方式和方法，旨在促进金融科技的健康发展，同时降低潜在的系统风险。

总之，金融科技风险研究不仅有助于深入认识金融科技领域的风险特征，还为防范和应对风险提供了理论支持和实践指导，进一步推动了金融科技行业的可持续发展。

4.2 金融科技的风险理论

1）金融科技的风险形成机制

金融科技风险与传统金融风险存在显著差异。目前学术界对于金融科技风险的形成机理的理论研究相对稀缺。现有的研究大多从特定视角出发，对金融科技风险进行局部的探讨，而缺乏全面、深入的剖析，特别是缺乏从金融科技风险的形成机制与应对措施这一综合角度进行的系统研究。因此，对金融科技风险进行全面、系统的理论研究显得尤为重要，这将有助于我们更准确地识别、评估和管理金融科技风险，从而推动金融科技行业的健康发展。金融科技的创新产品既可能促进金融创新发展，也可能衍生金融科技的风险。金融科技风险主要可被分为内源性风险与外源性风险两大类。其中，内源性风险主要涵盖诸如信用风险、操作风险、声誉风险及战略风险等内生性风险，这些风险主要源自金融机构内部的管理、运营及决策流程。而外源性风险则是由外部因素所导致，包括宏观周期风险、市场波动风险、法律政策风险以及金融科技风险等。这些风险通常是由宏观经济环境、市场、政策法规的变化，以及金融科技的发展等因素引起的。理解这两种风险类型对于管理金融科技风险至关重要，因为它们各自具有不同的特点和影响机制，需要采取相应的措施进行防范和应对（王宇等，2019）。图 4-1 为金融科技风险的形成理论。

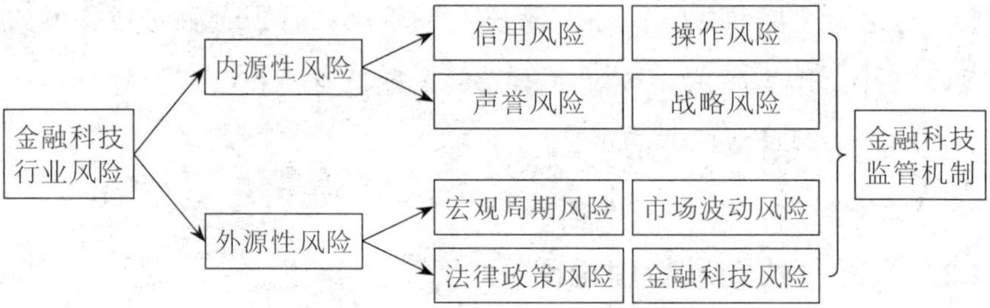

图 4-1 金融科技风险的形成理论

当前金融科技的主要风险：

在新技术浪潮的推动下，金融科技行业迅速崛起，其应用领域已广泛渗透到经济建设的各个角落。与此同时，信用风险、消费者权益保护风险、法律政策风险以及流动性风险等问题也逐渐浮现，对金融科技行业的稳健发展构成了严峻挑战。这些风险的存在不仅可能影响金融科技企业的正常运营，还可能对整个经济体系带来不良影响。因此，对于金融科技行业来说，如何有效应对和管理这些风险，确保其稳健发展，已成为一个亟待解决的问题。

2）金融科技行业的法律政策风险高，需要明确监管政策

首先，当前金融科技领域的法律法规非常少，难以满足金融科技行业快速发展的监管需求。其次，在立法层面，对于金融科技中的消费金融机构的保护明显不足，增加了行业的法律风险。最后，金融科技监管政策缺乏明确性，监管主体和分工相对模糊，导致了监管效能的不足和潜在的政策风险。这些问题严重影响了金融科技行业的健康发展，亟待通过加强立法和明确监管政策来加以解决。

3）社会征信体系的发展尚不充分，导致信用风险逐年攀升

金融科技行业由于其内在的高信用风险属性，以及金融科技产品所具备的新技术、互联网、消费和金融等多重属性，使得其本息呈现出复杂性和耦合性等特性。这有可能让消费者在债务到期时无力偿还，从而带来极高的信用风险和欺诈风险。除此之外，由于社会征信体系尚不完善，其在互联网消费金融机构对信用风险的防控中所起的作用受限，这无疑进一步加剧了信用风险的累积和扩散。因此，对于金融科技行业来说，加强并完善社会征信体系的建设显得尤为重要，这是降低信用风险的关键所在。

4）瑞典顾客满意度指数测评模型

1989年，美国密歇根大学的费耐尔教授及其研究团队在瑞典创建了一个独特的顾客满意度测评指标模型，该模型以因果关系为基础。由于这一开创性的模型，瑞典成为了当年首个开始评估顾客满意度指标的国家。同年，瑞典的32个行业中的100多家公司纷纷采纳了这一模型，对各自的顾客满意度进行了深入的评估。如图4-2为瑞典顾客满意度指数模型，包括了5个结构变量和6个关系。

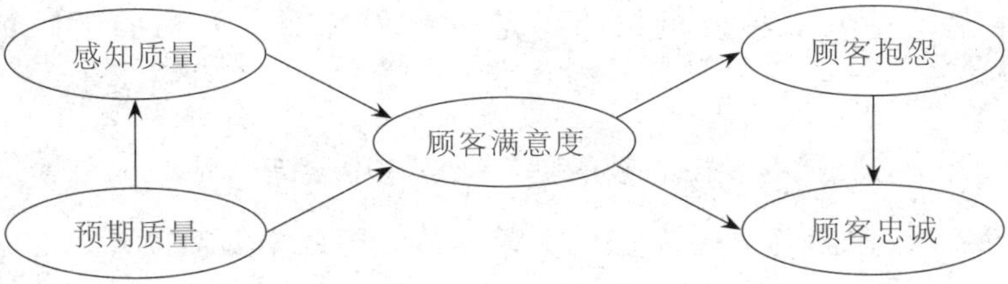

图4-2　瑞典顾客满意度指数（SCSB）模型

5）预期质量

在购买金融科技创新产品或服务之前，消费者通常会对其形成一定的预期。这些预期涵盖了产品或服务对个人需求的满足程度、

可能出现问题的概率以及整体质量的水平。顾客的这些预期将直接对其所感知的质量、价值以及满意度产生重要影响。换言之，顾客的预期是评判其消费体验是否满意的关键因素之一。

4.3 金融科技风险的种类

4.3.1 金融科技的风险种类

1）法律风险与合规风险

法律风险是金融科技风险的一种特殊形式，主要涉及金融机构在与雇员或客户签署的合同等文件中，可能因违反相关法律或法规，或合同中的某些条款在法律上无法执行，或未能正确履行对客户所承担的法律或法规职责，从而可能遭受经济损失的风险。

合规风险涉及金融科技机构在运营过程中，未能遵循由监管要求、法律法规、自律组织及行业规定等所确立的相关准则，以及金融科技业务所特有的行为标准。这种偏离可能引发法律制裁、监管惩罚，甚至可能给机构带来重大的财务损失或声誉损害。合规风险的存在，对金融科技机构的稳定运营和长期发展构成了严重的威胁。

2）操作风险在金融科技的创新与运用中逐渐凸显

随着金融机构采用先进技术，业务处理效率大幅提升，金融业务也日趋智能化。然而，这种技术驱动的发展也带来了操作上的挑战。随着金融产品和服务的不断创新，交易过程越来越依赖于新兴技术及其衍生的各类产品。但市场主体在运用这些技术时，如果对其不够熟悉，可能会出现误操作的情况。例如，当交易方缺乏必要的知识或操作经验时，他们可能会进行超出自身风险承受能力的交易，从而面临潜在的经济损失。

此外，新技术的智能化和便利性虽然为交易员提供了便利，但也可能导致他们因疏忽或错误判断而作出错误的交易决策。这种错误可能会引发连锁反应，对金融机构造成严重的经济损失。因此，在金融科技的发展过程中，操作风险的管理和防范显得尤为重要。金融机构需要加强对员工的培训和教育，提高他们的技术熟练度和风险意识，以降低操作风险的发生概率；同时，还需要建立完善的风险管理体系和技术防范措施，确保金融业务的稳健运行。

3）数据安全风险日益凸显

随着大数据和信息技术在金融产品和服务中的广泛应用，金融科技机构在交易过程中收集的信息量大幅增加。同时，由于互联网和移动互联网技术的迅猛发展，信息的收集和使用更多地发生在相对开放的网络环境中，使得信息泄露的风险显著增加。如果金融科技机构在数据存储和保管方面存在疏忽或不足，将会面临严重的数据安全风险。

4）技术风险在金融科技中同样占据重要地位

金融科技，作为传统金融与新兴技术的交汇点，展示了其强大的创新潜力，然而，为了提升业务效率，部分金融科技机构可能会过于迫切地将新研发的金融技术投入应用，而未能对其进行全面深入的了解和充分的测试。考虑到金融科技的本质是人类运用新技术手段对金融产品和服务进行改造或创新，因此在设计过程中难免存在技术失误的可能性。此外，新技术所涉及的软硬件设备也可能存在潜在问题。这些潜在风险一旦在交易过程中被触发，不仅可能损害相关市场主体的利益，还可能对金融市场的正常秩序造成冲击。因此，对于金融科技机构而言，对新技术进行全面了解和充分测试，以及建立健全风险管理机制，是确保业务稳健发展的关键。

5）信用风险在金融领域中具有至关重要的地位

（1）从狭义角度解读，信用风险主要关注的是交易对手方因各种原因无法履行合约规定的义务，进而给另一方造成潜在的经济损失。这种情况通常被称为违约风险，它主要关注的是对方的偿付能力和履行合约的意愿。

（2）从广义的角度来看，信用风险所涵盖的范围更为广泛，它涉及一系列不确定性因素，这些因素都可能对金融科技机构的信用状况产生影响，并导致实际收益与预期目标之间出现偏差。这种偏差既可能给金融科技机构带来损失，也有可能带来意外的收益。这种广义的信用风险反映了金融科技机构在复杂多变的市场环境中面临的各种挑战和不确定性，因此，对于金融科技机构而言，有效管理和控制信用风险至关重要。

6）市场风险

（1）从狭义上讲，市场风险指的是，市场价格因素的不利变动导致金融科技机构的交易头寸可能遭受的经济损失。这种风险通常与资产价格的波动、利率的变动以及汇率的起伏等因素紧密相关。

（2）从广义的角度来看，市场风险则涵盖了市场价格因素变动可能带来的潜在收益或损失。这意味着金融机构的交易头寸不仅可能因市场价格的不利变动而受损，还可能因有利的市场变动而获得额外的收益。因此，广义的市场风险强调了金融机构在金融市场交易中面临的不确定性，要求金融机构在风险管理策略中充分考虑市场价格变动的双向影响。

7）流动性风险

金融科技的发展为金融行业带来了前所未有的机遇与挑战，其中流动性风险作为金融科技领域的重要风险之一，日益受到业界的关注。金融科技流动性风险主要指的是在金融科技领域，金融机构或技术平台因资金流动性问题而面临的风险。

随着金融科技的深入发展，许多传统金融业务被迁移到线上平台，资金流转速度加快，但同时也带来了流动性风险。例如，P2P网贷平台、数字货币交易平台等金融科技产品，其资金流动性高度依赖于市场供求关系和投资者信心。在市场资金紧张或投资者信心不足时，这些平台可能面临资金流动性不足的问题，从而引发流动性风险。

金融科技流动性风险具有以下特点：一是突发性强，一旦市场出现不利因素，资金流动性可能迅速恶化；二是传导速度快，金融科技领域的资金流动往往跨越多个市场、多个主体，一旦某个环节出现问题，风险可能迅速传导至整个系统；三是影响范围广，金融科技领域的资金流动涉及大量个人和机构投资者，风险一旦爆发，可能影响众多投资者的利益。

8）声誉风险

声誉风险描述的是金融科技机构在面对公众的负面评价或舆论压力时，可能遭遇的一系列不利后果。这些后果包括但不限于客户流失、股东撤资、业务机会减少以及业务成本上升等。这些负面后果一旦发生，不仅会影响金融机构的声誉和形象，还可能进一步导致金融机构面临经济损失的风险。因此，对于金融科技机构而言，有效管理和控制声誉风险至关重要，以确保其稳健运营和长期发展。

4.3.2 金融科技的合规风险

金融科技可能面临的合规风险主要包括如下内容（杨森、印言，2021）：

1）个人信息保护和数据安全

个人信息的保护以及数据安全是金融科技领域至关重要的两个方面。大数据作为金融科技的核心技术之一，与金融行业紧密相连，其中涉及的个人信息更是基础且关键。因此，金融科技机构和金融科技公司必须高度重视个人信息的保护以及数据的安全性。

2）技术合同的起草与签订

在金融科技领域，技术合同的起草与签订是一项至关重要的任务。当金融科技公司接受客户的委托，负责开发系统或平台时，必须通过技术合同这一法律手段来明确双方的权利和义务。技术合同的具体内容将直接关系到金融科技公司的权益和责任。因此，金融科技公司必须格外重视技术合同的起草和审核工作，确保其内容的准确性和完整性。

3）数字技术的知识产权风险

在数字技术领域，知识产权风险是必须引起高度重视的。技术团队在着手开发新的操作系统或数字应用平台之前，务必要进行详尽的技术检索工作，以确保在相关技术领域内不存在相同或相似的技术方案已经被他人申请了专利。此外，在完成操作系统或平台的开发工作后，技术团队还应积极运用知识产权手段对其进行全面的保护，从而有效规避潜在的知识产权风险，确保技术成果的安全与稳定。

4）符合国家监管部门的监管政策

由于金融科技行业的迅猛发展，给金融稳定带来了众多的挑战，同时该行业也极易受到国家监管政策的影响，因此，金融科技公司必须时刻关注并紧密跟踪相关的金融监管政策，以确保金融科技公司业务运营完全符合国家的监管要求，从而保障金融科技公司的稳健发展。

4.3.3 金融科技的合规风险防范

随着经济全球化步伐的加快，金融科技行业所遭遇的合规风险正变得日益严峻和复杂多样。特别是在监管政策和规则尚不清晰的背景下，金融科技行业不仅面临金融风险的挑战，还承受着科技风险的双重压力。相较于其他行业，金融科技领域更易于触发系统性风险，因此对其合规性的要求也更为严格。规范发展与高效赋能已成为金融科技行业未来发展的必然趋势。为了有效预防和控制合规风险，推动企业的规范化发展，金融科技行业应着重加强以下方面的建设。

1）建立全面的合规管理体系

确立合规框架：金融科技公司需要构建一套清晰明确的合规政策，该政策应详细阐述公司的合规理念、基本准则和预期目标，以此作为员工行为的指导方针。

建立合规部门：金融科技公司应设立专门的合规管理部门，该部门的主要职责是监控和管理公司的合规事务，确保所有业务活动都严格遵循相关法规要求。

配置合规专家：金融科技公司应配置具备深厚专业知识和技能的合规人员，他们负责日常的合规监测、风险评估和报告工作，确保公司业务的合规性。

2）强化风险识别和评估能力

持续风险评估：金融科技公司必须定期对其业务活动进行全面的风险评估，目的在于识别并应对潜在的合规风险点。此外，公司还需根据风险评估结果制定相应的风险防范措施，以确保业务活动的合规性和稳健性。

采纳尖端技术：金融科技公司应采纳大数据、人工智能等前沿技术，对业务数据进行实时、深入的监测和分析，以便及时发现异常交易和可疑行为。

3）完善内部控制机制

明确业务操作流程：金融科技公司需要制定详尽的业务操作流程，为员工提供明确的操作指南，以减少人为失误并确保业务处理的规范性和准确性。

实施职责分离：金融科技公司应对关键岗位实行分离制度，确保不同职责由不同人员承担，避免单一人员拥有过多权限，从而降低内部欺诈风险。

加强内部审计制度：金融科技公司需定期审核其内部控制机制，评估其效果和适应性，以便及时发现并修正存在的问题，确保内部控制机制的高效运作。

4）加强合规培训和宣传力度

加强合规教育培训：金融科技公司应定期组织员工进行合规培训，以提升员工的合规意识和操作技能，确保员工在日常工作中能够遵循合规要求。

提升宣传力度：金融科技公司应运用内部网站、公告板等多元渠道，积极宣传合规政策和法规要求，努力构建一个强烈的合规文化氛围，以增强员工的合规意识。

5）建立高效的应急处理机制

构建应急响应机制：金融科技公司应针对可能出现的合规风险事件，预先制订详细的应急预案，明确应对措施和相关责任人，以确保在风险事件发生时能够迅速、有效地应对。

实施模拟演练：金融科技公司应定期举行模拟演练活动，以检验应急预案的实用性和可操作性，确保在真实风险事件发生时能够快速应对和处理，从而减少潜在的损失。

6）保持与监管机构的紧密沟通与协作

保持与监管机构的紧密沟通：金融科技公司应时刻关注监管机构的政策动态和监管要求，确保公司业务始终与监管标准保持同步，以满足不断变化的监管环境。

主动配合监管机构的审查工作：当监管机构对公司进行现场检查或调查时，金融科技公司应积极响应并配合，提供所需的相关资料，并详细解释相关情况，确保监管工作的顺利进行。

主动披露风险事件并采取整改措施：金融科技公司一旦发生或发现重大合规风险事件，应立即向监管机构主动报告，并积极采取措施进行整改和补救，以最大限度地降低风险影响。

综上所述，为确保金融科技行业的稳健发展，金融科技公司需从多个方面构建和完善其合规风险防范机制。这包括建立全面的合规管理体系、强化风险识别和评估能力、完善内部控制机制、加强合规培训和宣传力度、建立高效的应急处理机制，以及保持与监管机构的紧密沟通与协作。通过这些措施的实施，金融科技公司将能够有效地防范合规风险，为行业的健康发展提供有力保障。

4.4 金融科技的风险分析

金融科技的风险分析是一个多维、复杂且至关重要的过程，涵盖了技术、业务、法律和伦理等多个层面。以下是对金融科技风险分析的深入探讨（卜亚、孔恩惠，2023；刘媛、韩龙，2023）。

4.4.1 技术风险

数据安全隐患：金融科技业务的核心在于数据，这涵盖了客户的私人信息、交易记录等敏感数据。如果数据保护措施存在缺陷或不足，就会面临数据泄露、滥用或篡改的风险，这将可能给公司及其客户带来不可预测的巨大损失。

技术系统风险：金融科技业务的顺畅运行往往依赖于庞大且复杂的计算机系统与网络基础设施。一旦这些系统出现故障、发生瘫痪或遭受攻击，就可能导致业务运作的中断，进而引发资金损失甚至声誉受损的严重后果。

创新技术带来的风险：金融科技领域广泛采用众多新兴技术，如区块链、人工智能等等。然而，这些技术的成熟度、稳定性以及可预测性仍存在挑战，为业务带来一定程度的不确定性。

4.4.2 业务风险

市场竞争风险：金融科技行业的竞争日趋激烈，新进入者可能会利用技术创新、降低成本或提供更优质的用户体验等方式来抢占市场份额。面对这种情况，现有企业可能会面临客户流失、收入下降等风险，因此必须保持高度警惕和持续创新。

产品或服务风险：金融科技领域的产品或服务可能因设计缺陷、功能不足或用户体验不佳等问题而面临风险。若这些问题不能得到及时有效的解决，可能会引发客户不满、投诉增加，甚至导致业务下滑，给公司带来损失。

信贷风险：许多金融科技公司涉足信贷领域，如P2P网络借贷和消费金融等。若信贷评估出现偏差、风险控制措施不到位，或是违约率上升，都可能引发资金损失和声誉受损，给公司带来严重的不良影响。

4.4.3 法律风险

监管风险：金融科技公司可能同时受到多个金融监管机构的监管，例如中国人民银行、金融监管总局等。若金融科技公司未能遵守相关法规或监管要求，可能面临罚款、业务限制或执照吊销等风险，从而对企业的运营产生重大影响。

合规风险：金融科技公司必须确保所有业务活动严格遵循相关法规要求，从而避免违规行为导致的法律纠纷和处罚。这涵盖了客户身份认证、反洗钱、反恐怖融资等多个方面的合规性要求，要求企业时刻保持警惕，确保合规运营。

4.4.4 伦理风险

数据隐私与保护：金融科技业务涉及大量的个人数据，因此，保护客户隐私和数据安全成为了至关重要的伦理问题。金融科技公司需要严格遵守数据保护原则，确保数据的合法性、合规性和安全性，从而维护客户的隐私权益。

算法公正性与透明度：在金融科技领域中，算法决策可能引发歧视、偏见或不公平等问题，因此，金融科技公司必须确保所使用的算法公正、透明且可解释，以避免对特定群体造成不公平的影响。这需要金融科技公司在算法设计和实施过程中，充分考虑各种因素，确保算法的公正性和透明度。

综上所述，金融科技的风险分析是一个多维度的过程，涵盖了技术、业务、法律和伦理等多个方面，需要金融科技公司进行全面考量。为确保业务的稳定、持续发展，金融科技公司必须构建完善的风险管理体系，并加强金融科技风险感知、识别、监控、评估和应对的能力。此外，与监管机构、行业协会等的紧密合作也至关重要，以共同推动金融科技行业的健康、有序发展。

4.5　金融科技风险的防范与化解方案

金融科技风险的防范与化解方案的制订是一个系统性的过程，它要求我们全面审视并深入理解各种风险因素，随后针对性地制定相应的策略和措施。

1）构建风险识别与评估体系

首先，金融科技公司应对所面临的各种风险进行全面识别，包括但不限于技术风险、业务风险、法律风险和伦理风险。在此过程中，金融科技机构应积极采纳并应用前沿科技，如利用大数据和人工智能，特别是机器学习技术，来构建风险预估模型和信用评估体系。通过这些技术，金融科技机构可以实时分析和记录交易过程中的各种风险行为，及时发现并采取相应的防控措施，从而有效减少风险的累积和暴露。

其次，金融科技机构应当提升对新技术的鉴别和筛选水平。在

有助于形成更加完善的金融科技风险管理
提供有力保障。

综上所述，金融科技风险的防范与
续、动态的过程，要求金融科技企业全面
对性地采取相应的策略和措施，以降低
发展。

4.6 金融监管政策分析

4.6.1 我国金融监管的内容

我国金融科技监管政策因地制宜、因
也各有特色，共同完善了监管机制（金
印言，2021；石光乾，2023；杜晗，2023

第一，进一步完善金融科技行业的监
消费者的合法权益得到维护，同时保障金
稳定性，这是金融科技监管的首要任务。

第二，鼓励金融科技公司的创立并推
发展，以激发整个金融行业的创新活力，
展的重要保障。

第三，为了金融科技行业的健康与
的征信体系进行完善，建立起全面的反
透明的原则，逐步增加金融行业的透明
业发展的坚实基础。

在金融科技日益发展的背景下，金

寻求将金融科技应用于业务的过程中，绝不能忽视对新技术的全面审查。金融科技机构需始终保持风险管理意识，防止对新技术认识不足或技术本身存在的缺陷而导致风险渗透到机构内部，甚至影响整个金融市场的稳定。

2）制定风险防范策略

在完成了风险评估后，金融科技机构需根据评估结果制定相应的风险防范策略。这些策略应涵盖以下方面：

技术防范措施：技术防御措施作为金融科技风险防范策略的关键组成部分，涵盖了实施数据加密技术、强化网络安全防护以及建立访问控制机制等方面，旨在有效预防数据泄露和系统遭受攻击。

业务优化措施：业务优化措施是风险防范策略的一个关键环节，包括完善产品设计、提升服务质量、加强市场营销等方面，这些措施有助于提升金融科技企业的竞争力，并降低业务风险。

合规管理计划：合规管理计划旨在确保金融科技公司的所有业务活动均严格遵循相关法规和监管要求，包括但不限于数据保护、反洗钱和消费者权益保护等领域，从而确保公司合规经营。

伦理道德准则：伦理道德准则是金融科技企业在数据隐私、算法公平和透明度等方面所应遵循的重要原则。这些准则的制定和遵循，有助于确保企业在追求技术创新和业务发展的同时，坚守伦理道德底线，维护社会公共利益。

3）建立风险监测与报告机制

金融科技企业应实施定期的风险监测，以便及时发现和评估新出现的风险。此外，建立高效的风险报告机制也至关重要，可以确保管理层和监管机构能够实时掌控风险状况，从而作出相应的决策和应对措施。

4）制订风险应急预案

对于可能发生的重大风险事件，
急预案。这些预案需涵盖风险事件的
个环节，确保在风险事件真正发生时
应对，最大限度地降低风险带来的影

5）加强人员培训与意识提升

金融科技公司应定期为员工提供
升他们的风险意识和操作技能。此
公司应加强对金融科技风险重要性的
风险管理的必要性，并在日常工作中

6）及时完善制度设计

在运用新兴技术如人工智能、
数据以及互联网等开展金融科技业
府部门的协作，共同制定和完善市
在从制度层面增强科技安全保障。
所以能实现平稳、健康发展，并成
得益于宏观监管的及时和有效。因
新的同时，亦应重视与监管机构的
稳健发展。

7）与外部机构合作与交流

金融科技企业应积极与监管机
机构保持密切的合作与交流。通过
和应对策略，金融科技公司可以不
时推动整个行业在风险管理方面的

特的潜在风险。为了有效应对这些风险，监管机构已采取一系列针对性措施，主要聚焦于互联网金融所面临的几大风险领域进行监管。

市场风险源于金融科技机构为追求更高的存款利率而引发的恶性竞争，这种竞争可能导致借贷成本上升，进而带来利率风险。

流动性风险主要源自金融科技银行存款来源的不稳定性以及组织存款能力的欠缺，这些因素在某些不利因素的影响下可能引发客户集中取款，从而危及银行的流动性安全。

渠道风险源于业务竞争的加剧，可能导致传统金融机构选择与直销银行断开合作，使直销银行在理财和存款业务上面临压力，进而对其业务运营的稳定性产生不良影响。

数据风险则是由金融科技机构的IT架构不够稳固或内控合规机制不足所引发的信息泄露风险。

信用风险指的是当用户因还款能力不足而无法从传统金融机构获得贷款时，他们可能转向金融科技机构，后者可能因审批标准较宽松而给予借款。然而，如果用户最终违约，将给金融科技机构带来损失。另一方面，操作风险涉及IT系统存在的安全隐患、用户信息泄露或黑客攻击等，这些因素可能导致客户的人身安全和财产遭受损失。

综上所述，金融科技的发展为金融科技机构带来了前所未有的机遇，同时也带来了新的风险挑战。为了有效应对这些风险，金融科技机构和监管机构必须携手合作，加强风险管理和监管力度，确保金融市场的稳定和健康发展。只有这样，我们才能充分发挥金融科技的优势，推动金融行业的持续创新和发展。

4.6.2 金融监管政策分析

长期以来，中国的金融监管政策在金融市场的稳定运行、消费者权益的维护、金融创新的推动以及系统性金融风险的防范等方面扮演着重要角色。然而，随着金融科技的迅猛发展和全球金融市场的日新月异，中国的金融监管政策也在不断地适应和改进，以适应新的金融环境和市场需求。

1）监管体系架构

2023年5月18日，国家金融监督管理总局（以下简称金融监管总局）在北京金融街15号揭牌，与此同时，“国家金融监督管理总局”官方网站也正式启用。至此，中国金融监管体系从原有的“一行两会”迈入“一行一总局一会”的新格局。

原有的“一行两会”是指中国人民银行（PBOC）、原中国银行保险监督管理委员会（CBIRC，简称银保监会）和中国证券监督管理委员会（CSRC，以下简称证监会）。中国人民银行负责货币政策的制定和执行，以确保国家货币政策的稳定和有效实施。银保监会则负责银行业和保险业的监管工作，保障银行业和保险业的稳健运行和消费者权益的维护。而证监会则负责证券市场的监管，以促进证券市场的公平、透明和规范发展。

2）主要监管政策

中国人民银行在实施宏观审慎政策方面扮演着关键角色，旨在维护货币稳定和金融市场的流动性。通过调整存款准备金率以及进行公开市场操作等一系列措施，央行能够精准有效地执行宏观审慎政策。除此之外，央行还借助宏观审慎评估体系（MPA）对金融科技机构进行全面评估，旨在引导金融科技机构合理管控风险，从而确保金融市场的健康稳定发展。这些举措共同构成了中国人民银行在维护金融市场稳定方面的综合策略。

银行业监管政策：银行业监管政策由国家金融监督管理总局（原银保监会）负责制定和执行。近年来，随着金融科技的蓬勃发展，银行业监管政策也在不断演变，更加注重数字化转型、消费者权益保护和风险管理等方面。例如，为支持普惠金融、绿色金融和金融科技的发展，监管机构已经推出了一系列相关政策和措施。

证券市场监管政策：银保监会作为证券市场的监管机构，其政策重心主要聚焦于打击市场操纵、内幕交易等违法违规行为，以确保投资者的合法权益得到充分保护。同时，监管机构也致力于推动资本市场的改革与创新，以促进市场的健康发展。近年来，为了激发资本市场的活力并优化市场结构，监管机构已实施了一系列重要举措，例如注册制改革和科创板的设立等。这些措施旨在打造更加公平、透明和便捷的投资环境，为投资者提供更加优质的投资体验。通过这些努力，监管机构正努力为证券市场的长期稳定发展奠定坚实基础。

保险业监管政策：保险业监管政策主要聚焦于保险公司的偿付能力、产品创新以及消费者权益保护。随着保险科技的崛起，监管政策也逐渐将目光投向了互联网保险、保险科技等新兴领域，以确保这些领域的健康、有序发展。

3）监管科技应用

为了提升监管效率和准确性，中国金融监管机构正积极采纳大数据、人工智能等尖端科技手段进行监管创新。例如，通过设立监管沙箱、构建风险监测预警系统等措施，实现对金融机构和市场的动态监控与风险评估，确保金融市场的稳定与发展。

4）国际合作与交流

随着全球金融市场一体化的加深，中国金融监管机构在国际合作与交流方面日益活跃。他们与其他国家和地区的金融监管机构签署监管合作谅解备忘录（MOU），携手打击跨境金融犯罪活动。同时，中国还积极参与国际金融监管组织如巴塞尔委员会、国际证券事务监察委员会组织（IOSCO）的工作，共同研究和应对全球性金融风险，为全球金融稳定和发展贡献力量。

4.7 金融监管展望

2023年5月，国家金融监督管理总局正式投入运营，标志着平台企业金融业务的集中整改取得了显著成果。国家正致力于深化金融监管体制改革，持续防范和化解地方政府隐性债务风险，坚决遏制新增风险，积极化解存量风险。同时，为应对房地产金融风险，不断优化监管措施，以确保不发生系统性风险，牢牢守住金融安全的底线（刘媛、韩龙，2023；石光乾，2023）。

1）必须在转变经济发展方式、调整经济结构以及增强经济动能上作出更大的努力，以进一步巩固金融稳定的基础

目前，我国的宏观政策总体上是稳健的。然而，我们也必须充分考虑到各行为主体预期对政策实施效果的影响。为了激发市场主体的活力，我们应积极促进公众形成理性的预期。当微观主体的预期变得更加乐观时，这不仅可以优化其经营绩效，改善其资产负债表，更能为金融稳定奠定坚实的实体基础。

2）继续对房地产调控政策进行优化调整

一方面，国家将继续以防范和化解房企风险为核心，特别是关

注优质头部房企的风险状况，努力改善它们的资产负债表，并确保“保交楼”相关资金得到有效落实；另一方面，国家还将对房地产调控政策进行进一步的优化，特别是放宽限购、限贷政策，同时加大公积金支持、购房补贴等力度，降低购房成本，以刺激购房需求的释放。

3）积极防范和化解城投领域的多重风险

目前，城投债市场的风险整体处于可控范围内，但仍需警惕风险的不断累积。在未来的监管工作中，需重点关注以下几个方面：首先，加强对城投债风险的监测和评估，提升事前预警的精准度；其次，充分利用市场化机制来应对风险，例如通过债务置换、债务重组等策略进行处理；最后，保障整个债券市场的稳定运行，尤其是确保市场体系流动性的充足和合理。这些措施将有助于我们更好地防范和化解城投领域的风险。

展望未来，随着中国金融市场的蓬勃发展和金融科技的广泛应用，金融监管政策将面对更多复杂多变的挑战与前所未有的机遇。一方面，我们需要持续优化和完善监管体系架构，不断提升监管效率和准确性，确保金融市场的稳定和健康发展。另一方面，我们需要积极应对金融科技领域的新型风险和挑战，例如数字货币、去中心化金融（DeFi）等领域的监管难题。此外，加强国际合作与交流，共同应对全球性金融风险和挑战，也是我们必须努力的方向。通过这些努力，我们将更好地应对未来金融市场的挑战，推动中国金融业的持续繁荣与发展。

4.8　本章小结

数字技术的高速发展，推动着金融科技的创新应用，金融科技也催生着新金融服务模式和金融产品的变革。在本章中，主要论述了金融科技风险的形成机制，分析了金融科技风险的主要方面，总结与分析了金融科技风险的类别，建立了金融科技风险识别和评估机制，给出了金融科技风险的防范机制与政策。

通过对金融科技风险的深入分析与研究，有助于金融科技的创新与风险防范。

5

基于区块链的金融科技多维信任评价机制

随着金融科技及其应用的持续演进，金融科技安全问题日益受到众多研究者的关注。本章旨在对金融科技的逻辑结构、信任建立、数据融合以及隐私保护等核心概念进行详尽的阐述和介绍。

5.1 信任的相关概念

在金融科技的交易处理过程之前，需要识别并排除不可信的用户，评价金融科技交易处理、支付安全和数据传输过程中的用户可信任度成为一个亟待解决的重要问题。为了动态评价金融科技用户的信任度，需要设计一些信任管理与评价机制（Khan et al.，2021）。这些机制的目标就是跟踪用户之间的历史信任记录，以检测恶意攻击和不信任态度。在金融科技的数据传输环节，用户能够借助前区块中的哈希值来链接到当前的区块数据，进而构建成区块链。当一个区块被成功地添加到区块链中后，它就能确保在传输过程中用户间的所有记录都被安全地存储，并且这些记录是无法被篡改的（Becker and Bodó，2021）。

在金融科技中，信任可以看作用户间的一种依赖关系。信任可以分为三类（Zhang et al.，2021），第一类是基于行为的信任，即用户的预期行为，第二类是基于计算的信任，即计算设备之间的信任，第三类是基于技术的信任，通过评价设备之间的信任来维护。随着金融科技规模和复杂性的快速增长，金融科技用户间的信任关系问题日益成为人们关注的焦点。信任建立可以保证金融支付源、支付路径和目的地是真实的和可信的，并且金融支付源和支付路径不会受到不受信任方的任何修改。在此基础上，Boldrin 等（2021）提出了依赖于可信信息源概念的整体一次性原则项目（TOOP）架构，TOOP保证了数据提供者和数据消费者之间的安全数据交换。为了保证用户间的信任，Lee等（2021）提出了一种基于多维信任量化方案的证据模糊多准则决策（EFMCDM）机制，在该机制下，信任感知来自初始化信任行为。

信任模型是用于构建信任关系和验证数字证书时，查找和遍历信任路径的一种机制（Challagidad and Birje，2020）。Xu等（2021）开发了一种动态多维信任模型，专门用于评估信息服务质量。该模型将服务评级与用户信用相结合，以全面衡量服务质量。这种信任评价是基于在交互过程中定义的信任概念和建立的信任模型，它综合考虑了构成信任的多个基本要素，最终计算出实体应有的信任度。Javaid（2022）则提出了一种基于区块链的物联网信任模型（WSIoTs）。在WSIoTs模型中，服务器必须经过身份验证后，才能在物联网中添加新用户。该模型使用授权证明（PoA）共识机制来验证物联网数据，并将信任信息添加到区块链中。路槟赫和陈进（2022）对区块链技术在数字经济时代作为信任新基建的重要性进行了深入探讨。他们通过引用金融机构和金融科技企业的实际运用案例，对底层交易信息信任、资产信任、外贸距离信任、流动资产信任等多个场景进行了对比分析，充分展示了区块链技术在构建和维护信任方面的巨大潜力和应用价值。

随着新一代信息技术的高速发展，金融科技行业对信任评价提出了更高的要求。为了保证信任评价的同步性，维护金融科技行业风险管控的可靠性，对金融科技的信任评价显得极为重要。区块链将事务记录为块并形成一个链表结构，用户对每个新生成的区块都获得一个散列值，将该散列值与前一个区块连接到当前区块中进行转发，形成一个不可逆链（Li et al.，2022；Wu and

Zhang，2022；宋华、韩思齐、刘文诣，2022）。在金融科技应用中，信任评价是金融科技终端设备建立动态建模、安全防范等特性的前瞻性问题之一。Li等（2022）提出了一种基于区块链的信任服务评价模型（BCSE），在该框架中允许独立的信任提供者以分布式方式实现不同的信任度量及基于一组共同的信任评价算法。Wu等（2022）提出了一个面向智能制造的区块链供应链信任评价集成框架，从信息流、资金流等角度解释如何借助区块链加强信任评价；为了更好地评估金融科技中的实体，设计了一个优化的信任评价模型。

宋华等（2022）基于行动者网络理论，对金融服务提供商在构建供应链金融网络过程中的行动策略进行了深入研究，并探讨了数字网络信任关系在这一过程中的形成机制。研究成果表明，供应链金融网络信任关系的构建是一个动态演进的过程，其中涉及行动者之间的冲突产生与解决。这一研究视角为理解供应链金融网络的发展提供了新的理论支撑和依据。

5.2 区块链赋能的多维信任评价模型

5.2.1 信任度评估模型

1）信任定义

定义1：信任是指评估节点对目标节点在提供服务能力或合作概率方面的预期。评估节点对目标节点合作概率的预测可以通过量化表示为信任度值。

2）信任指标

假设节点U_x为信任管理节点，与管理节点直接相连的节点集可用D_x表示，D_x= {d_1，d_2，…，d_n}，节点的信任度值集可用T_{xi}= {T_{x1}，T_{x2}，…，T_{xn}}，T_{xn}为用户U_x对设备d_n的信任度值。

表 5-1　　信任指标

指标符号	指标名称	描述
Q_i	相同服务质量强度	在信任监测周期内，节点的信任行为和不信任行为的次数
R_k	推荐节点可靠度	推荐节点k的节点相似度、评价差异度及自身信任度上的综合评价
$S(i, j)$	节点相似度	节点i和节点j在共同通信节点数、对共同通信节点的评分相似性上的相似度
M_k	评价差异度	推荐节点k距离推荐节点集总体评价的偏差

5.2.2　区块链与金融科技融合的基本框架

区块链与金融科技融合的基本框架可以划分为三个层次：应用级区块链、互联级区块链、云级区块链。在该框架中，每个金融科技的服务终端设备都连接到互联网，通过互联网连接到金融科技中的云服务器上。金融科技终端设备通过边缘服务器向认证机构注册，实现金融科技互联网环境中的任何一对设备间的相互通信。区块链与金融科技融合的基本框架如图5-1所示。

（1）在应用级区块链中，数以百万计的不同设备、不同应用都在应用级中体现，如智能手机、各种终端设备等连接到不同的互

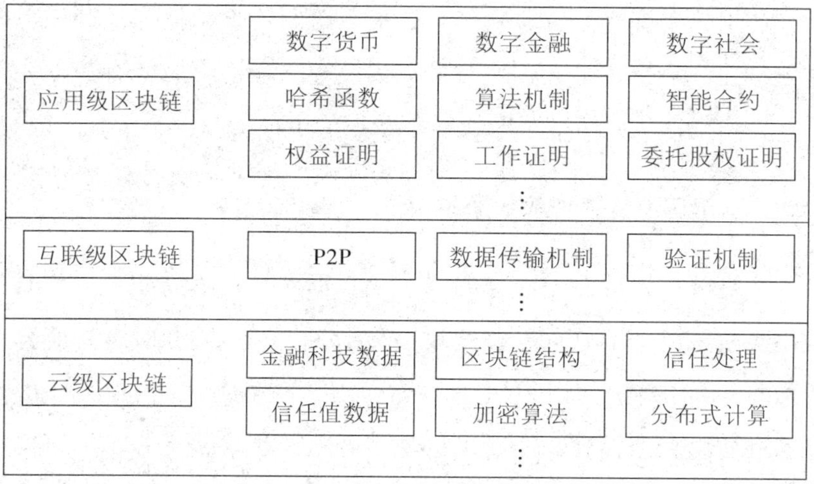

图5-1　区块链与金融科技融合的基本框架

联网中。金融科技的数字货币、数字金融、算法机制、智能合约、权益证明（Proof of Stake，PoS）和工作证明（Proof of Work，PoW）等各种应用通过各种终端设备都在这层中进行。

（2）在互联级区块链中，金融科技服务器安装在具有云和IT服务能力的服务器上。金融科技服务器是一个区块链管理器，负责管理区块链，包括创建金融科技数据、验证机制和传输机制等的单个事务和事务块。当事务由金融科技终端设备生成时，它们将事务和事务块等传输到互联网上。作为区块链管理器的互联级服务器将周期性地把接收到的交易整合到一个具有共识协议的块中，并将该块广播给其他边缘服务器进行验证。通过这种方式，实现了去中心化，因为终端设备连接到最近的金融科技服务器并由服务器来处理它们的请求，而不像云，所有请求都放在一个集中的地方。

（3）在云级区块链中，所有的金融科技服务器都与云连接，金融科技终端设备产生的所有数据都存储在区块链中。在云级区块链中，使用数字签名、区块链结构、信任机制、哈希值等来确保数据的完整性。一旦一个数据块被插入到链中，在链中的所有数据块都不能被修改，从而保证了区块链中数据的不被篡改。

5.2.3 基于区块链信任的数据模型

区块链是一种去中心化的分布式数据库，它不需要第三方验证或中央权威机构的介入。当区块链与信任机制相结合时，这个分布式数据库能够将金融科技领域中的所有数据转化为相互关联的信息，并将它们存储在一个个的区块中。这些区块是在特定的时间框架内构建的，并通过哈希指针与前一个数据块相连，从而形成一个连续的、完整的单链结构。

区块链通过一系列安全机制来保障金融科技传输中的数据的安全性和去中心化特性。它利用时间顺序记录交易数据，确保数据无法被篡改；采用公钥密码体系对数据块进行加密，保证数据传输完整性和访问的安全性；同时，通过信任值的更新机制，区块链能够评估和维护网络中节点的信誉，从而进一步增强数据的安全性和可靠性。这些优势使得区块链技术在金融科技领域具有广阔的应用前景。区块主要由区块头和区块体组成，区块链信任的数据模型如图5-2所示。

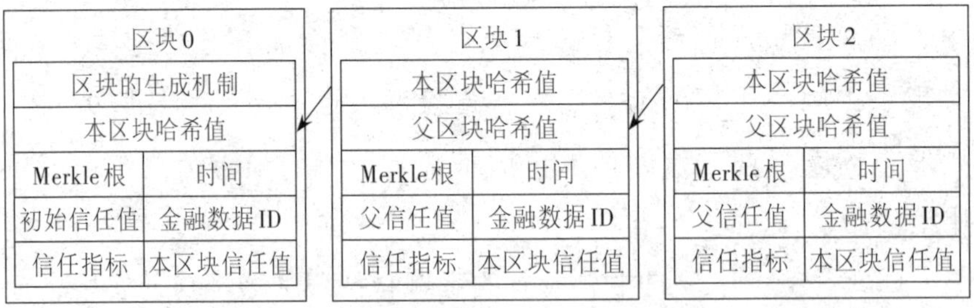

图5-2 区块链信任的数据模型

1）哈希函数

假设在图5-2所示的区块链数据结构中，区块链的数据块大小为B_i，有N_m个所有移动互联网设备。

定义2：哈希函数是一个映射，h：$\{0,1\}^i \rightarrow \{0,1\}^k$，其中$\{0,1\}^i$表示任意长度为$i$的比特串集合，$\{0,1\}^k$表示任意长度为$k$的比特串集合，消息$x \in \{0,1\}^*$的像$h(x)$称为$x$的哈希值。

定义3：压缩函数是一个映射，f：$\{0,1\}^m \rightarrow \{0,1\}^k$，其中$m>k>0$。

令输入的数据为$M \in \{0,1\}^*$，压缩函数如定义2，将M分成k个长度为$m-k$比特块M_0，M_1，…，M_{k-1}。若M_{k-1}不足$m-k$比特可以进行填充，再增加一个分组M_k。随机地选择$h_0 \in \{0,1\}^k$，则可以构造出一个哈希函数h：

$$h_{i+1}=f(h_i \| M_i),\ i=0,1,\cdots,k \tag{5-1}$$

最后输出h_{k+1}作为哈希值。

该结构通过在金融科技终端设备数据创建过程中生成的哈希链的首分组和尾分组中添加签名来验证金融科技终端设备数据，比在所有数据分组中添加签名的方法开销更小。特别是，即使第一个和最后一个带有签名的数据分组丢失，边缘服务器也可以获取数据流M_k的哈希值，并通过包含在f中的哈希值，检查金融科技终端设备数据流是否发生了改变。

2）链块的生成

在区块链的信任值中可以增加信任控制消息，通过云级区块链的信任计算，具有最高信任值的节点将被选为信任验证器，然后它们负责生成链块。为了保证节点的身份验证，每个节点都将使用其公钥体系对其进行加密处理与论证。

如果信任验证器检测到恶意节点或不信任节点，它将与通信彻底隔离，将其节点信息写入共享区块链。在节点信任值的检测过程中，如果节点遭受攻击，节点就将该消息发送给信任验证器，并将该节点信息写入共享区块链。因此，信任验证器可以根据邻居的推荐信任进行确认。攻击节点可能会发送潜在的攻击节点消息，以隔离受信任的节点。为避免此问题，如果大多数相邻节点在其初始交易信息中包含相同的节点信息，则会验证交易。

交易验证通过后，将其记录为信任节点，信任验证程序将能够生成并广播包含攻击者信息的加密链块，然后网络中的所有节点将该块添加到其本地区块链中。

3）链块的配置

在金融科技的信任区块链中，区块由交易数据组成，交易数据中有攻击节点的信息、区块索引、当前区块的哈希值和之前的哈希值。为了保障哈希值的可靠性，在金融科技的交付信息中，信任区块链中将包含攻击节点的信息，以确保不可抵赖性，这样即使对链块的内容进行一次小的操作，也会改变哈希值，这意味着对任何链块中的数据进行操作，都将会破坏整个区块链。

5.2.4 基于区块链的信任模型

1）初始信任模型

区块链是一种链式数据结构，它以时间顺序为基础来存储数据，可以被视为一个网络共享的账本。在这个账本中，每个区块都代表着被记录的内容。在信任关系中，区块链具有双重身份，既是可信赖的对象，也扮演着第三方的角色。通过主观建构与客观支持相结合的方式，区块链为数字信任的建立奠定了坚实的基础。这种技术不仅提供了去中心化的数据存储方式，还增强了数据的安全性和可信度，为数字时代的信任关系提供了有力支撑。初始信任模型如图5-3所示。

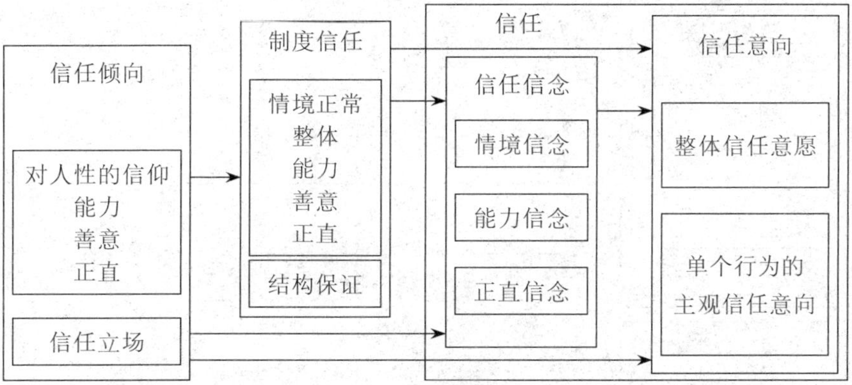

图5-3 初始信任模型

2）技术信任模型

技术信任模型可分为四个层面：即人格信任（Personality Trusting）、认知信任（Cognitive Trusting）、计算信任（Calculative Trusting ）和制度信任（Institutional Trusting）等。技术信任模型如图5-4所示。

（1）人格信任。人格信任源于信任者对人性的信心，进而产生的积极期待。这种信任基于信任者对他人的正直和可靠性的假设，并认为与人交往通常能带来更好的结果。

（2）认知信任。认知信任是基于通过收集信息所获得的知识、观点和判断等因素而形成的信任。这种信任建立在个体对信息的理解和分析之上，通过理性思考和评估来决定是否信任对方。

（3）计算信任。计算信任指的是在交易或互动过程中，通过对积极和消极后果以及它们发生概率的评估和衡量来建立的信任关系。这种信任是建立在对可能的风险和回报进行深入分析和理解的基础之上的，从而帮助决策者在不确定的环境中作出明智的选择。

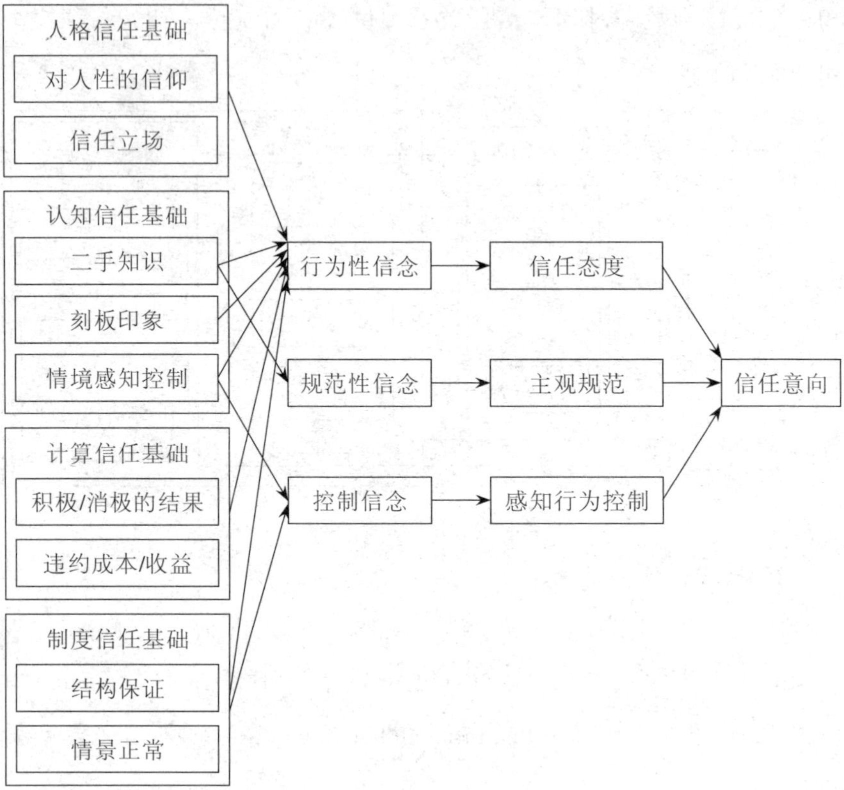

图5-4　技术信任模型

（4）制度信任。制度信任涉及两个核心方面：结构保证和情境正常。结构保证指的是通过一系列政策规定、担保机制、法律手段、承诺以及其他正式协议等保障性措施，为交易的顺利进行提供稳固的支撑和保障。这些措施旨在降低交易风险，增强交易双方的信心，从而促进交易的成功。而情境正常则是指信任者对于当前稳定的环境和不变的情势所持有的信心。在这种情境下，信任者相信由于环境因素的稳定性和不变性，可以预期达到理想的结果。这种信任基于对环境因素的理解和评估，当环境保持相对稳定时，信任者更有可能对交易或互动行为产生积极的预期和信心。制度信任的建立依赖于有效的结构保证和情境正常的认知，这些因素共同作用，为交易和互动行为提供了可靠的支撑和保障，从而增强了信任关系的稳定性和可靠性。

3）区块链的信任模型

由于金融科技领域涵盖了大量移动用户，这些用户在存储和计算能力方面存在显著差异，因此在金融科技的架构中，参与信任计算的数据被集中存储在各自的信任管理域内的信任云服务器中。这些信任数据包含了用户的服务时间、唯一标识、交易状态、信任值以及直接交互的用户列表等相关信息。在该模型中，用户的每一次数据传输操作都会被导向信任云服务器。信任云计算服务器会根据接收到的信任数据进行信任评估，并据此计算出相应的信任值。这样，系统能够基于实时的信任数据为用户提供更加精准和可靠的信任评估结果，从而确保金融科技服务的安全与高效。图5-5为基于区块链的信任值计算与更新模型。

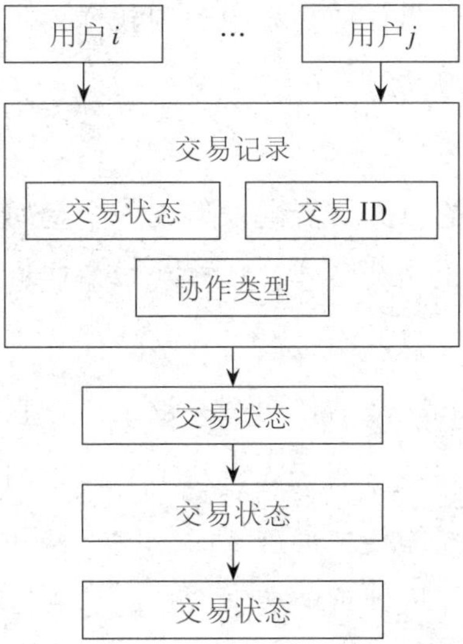

图5-5　基于区块链的信任值计算与更新模型

信任记录、计算及评价结束后，可以根据如下规则对信任值进行更新：

（1）如果在直接交互用户列表中没有找到关于用户j的设备标识，这意味着该列表中当前没有关于用户j的信任记录。如果列表还有可用的存储空间，系统将在列表中新增一个条目，用于存储用户j的信任度值，并相应地更新直接交互用户列表的内容。

（2）若直接交互用户列表中已存在关于用户j的设备标识，则系统会利用该用户标识作为索引，从存储列表中检索出关于用户j的现有信任记录。随后，系统会根据实际需求或情况更新该用户的信任记录，以确保其中的信息最新和准确。

（3）如果在存储列表中未找到关于用户j的信任记录，并且列表的存储空间已满，系统将根据用户的服务时间来决定删除哪一条记录。具体来说，系统会删除距离当前时间最远的用户的信任记录，以腾出空间来存储关于用户j的新信任记录。随后，系统会在直接交互用户列表和信任值列表中分别新增关于用户j的信任记录，确保所有相关信息都得到更新。

4）数字信任模型

数字信任模型的研究目前尚未形成一个全面整合的信任形成模型。考虑到数字技术的独特性，构建数字信任模型时，需要全面分析主观建构和客观支持两个维度对数字信任建立的影响。主观建构主要包括人格信任和认知信任两个关键渠道，它们共同构成了信任者对他人的信任和评估。而客观支持则涵盖了制度信任和情境层面等要素，为数字信任的建立提供了必要的支持和保障。通过综合这两个维度，可以更深入地理解数字信任的建立过程，并为其在金融科技等领域的应用提供理论支持。这些元素共同构成了数字信任模型的基础，为数字时代的信任建构提供了重要的理论支撑（徐延辉、吴世倩，2022）。数字技术与数字信任构建模型如图5-6所示：

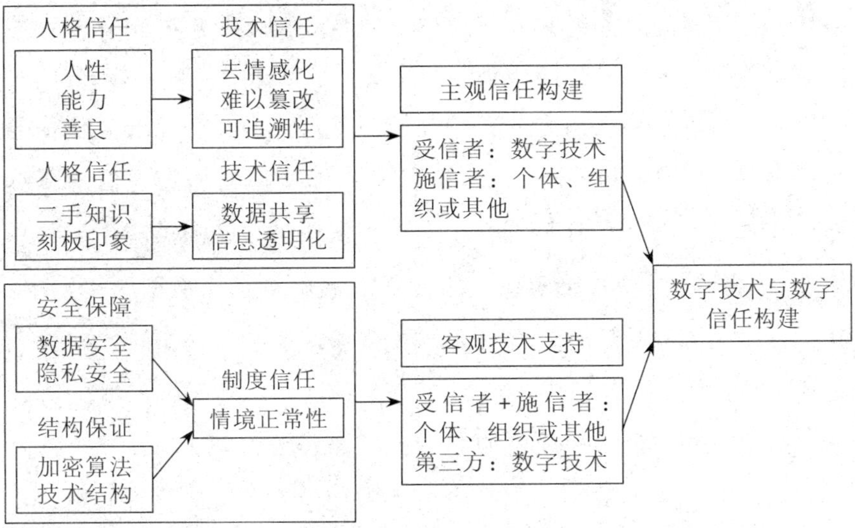

图5-6　数字技术与数字信任构建模型

第一，在传统信任模型中，人格信任主要建立在人与人之间的互动关系上，但随着数字技术的不断发展，信任关系的主体逐渐发生了变化，被信任者由人类转变为技术实体。这种转变降低了信任风险，因为技术通常被认为具有客观性、中立性，并且能够提供更高的精确性和可靠性。因此，在数字信任建构中，人与技术之间形成的技术信任成为了第一个关键渠道，为数字信任的构建奠定了重要的基础。这种技术信任为人与人之间的信任提供了新的支撑和保障，进一步推动了数字信任的发展。

第二，在认知信任层面，传统的数字信任模型中，认知信任主要依赖于信任者和被信任者之间的信息沟通，然而，在这种情境下，信任者所接收到的信息通常是经过他人传递的二手信息，这增加了信任的不确定性和风险。随着数字技术的融入，得以建立在线可信平台，并实现了数据的共享和透明化。这一变革使得认知信任从单纯的信息沟通转变为基于共享知识上的共识信任。在这种新型信任关系中，信任者和被信任者能够直接访问和验证共享数据，从而减少了信息的不对称性和误解，增强了信任的可靠性和稳定性。

第三，数字信任模型的理论基础源于理性假设，而计算信任通常是基于二手知识构建的，即依赖于人们搜集和加工的信息，然而，在本书的数字信任模型中，考虑到区块链技术的透明化和共享特性，信任者可以直接获取一手知识。因此，在该模型的构建中，我们剔除了计算信任这一维度，以更直接地反映区块链技术在建立信任中的作用。

第四，数字信任模型中的制度信任涵盖结构保证与情境正常两个方面。鉴于当前数字技术在应用层面较少涉及法律政策问题，我们可以合理假设结构处于正常状态。因此，本书将重点关注情境正常这一维度。情境正常的实现依赖于安全保障系统的构建和完善，结合前人的研究成果，我们将进一步探讨如何通过安全保障系统来确保数字信任模型中的情境正常。

5.2.5 金融科技的信任评价指标

对于金融科技交易网及设备，可以用图 $G=G(D, T)$ 来表示，其中，D 表示金融科技交易设备数，T 表示连接设备之间的总信任值。

假设金融科技网络中包含 n 个用户，这些用户可以用集合 $N=\{1, 2, \cdots, i, \cdots, n\}$ 来表示。在这个网络中，如果用户 i 认为用户 j 的行为将带来积极的结果，那么用户 i 将信任用户 j。这种信任程度可以通过信任度这一指标来进行量化评估。在金融科技的信任评价中，用户i会在建立信任关系之前评价邻居用户j行为的信任值，给定时间段内任务的总和用T_t表示。

定义4：可以根据长期行为模式（H_{n-1}）和过去的信任经验（R_{n-1}）来计算历史信任H_n。H_n通过使用指数平均函数来降低存储开销。历史信任H_n可以通过公式（5-2）计算。

$$H_n(T_{ij}) = \frac{\delta \times H_{n-1}(T_{ij}) + (1 - \delta)R_{n-1}(T_{ij})}{2} \tag{5-2}$$

这里，δ（$0<\delta\leqslant 1$）是历史信任的权重值。

定义5：直接信任（D）是金融科技通过实时感知任务T_t和该用户的历史任务的信任值计算出来的，得到用户i对用户j的直接信任值。用户i在时间t内的直接信任值，主要考虑在时间t内，用户i与用户j的交互信息情况。DR_i表示用户i的实时感知信任值，DH_i表示用户i的历史任务信任值，直接信任记作D_i，可以通过公式（5-3）计算。

$$D_i = W\times（|DR_i-DH_i|-M） \tag{5-3}$$

这里，W表示初始和最大直接信任值，通常是一个常数，M是一个阈值，表示实时感知信任值和历史任务信任值之差的上限，W和M可以根据经验进行确定。

定义6：邻居信任（S）是金融科技用户i和用户j的交易情况的信任值。

用户i有n个邻居，用户i的邻居集用N（i）表示，用户i的第k个邻居表示为N_{ik}，sim（i，N_{ik}）表示用户i与邻居N_{ik}间的相似度，S_{ij}表示用户i和用户j的信任值。则用户i的邻居信任值S_i可以通过公式（5-4）计算。

$$S_i = (1 + \sum_{k \in N(i)} |sim(i,\ N_{ik})|)/(\alpha + \sum_{k \in N(i)} |sim(i,\ N_{ik})|) \tag{5-4}$$

定义7：如果两个用户之间没有直接交互或者直接交互次数过少时，那么用户j需要通过在金融科技网络中其他与用户i进行交互过的节点集合来计算推荐信任值，推荐信任（C）可以由n个值得信任的推荐人提供，用户的推荐信任值由与用户i交互过的金融科技用户集合C（T_1，T_2，…，T_n）共同决定。推荐人的权重系数（w_i）随可信度的不同而变化。用户i的推荐信任可由公式（5-5）计算，图5-7是推荐信任度的计算过程。

$$C_n(T_i) = \sum_{j=1}^{n} w_j C(T_j) \tag{5-5}$$

这里，$w_1 + w_2 + \cdots + w_n = 1$，$C$（$T_j$）表示第$j$次推荐值。

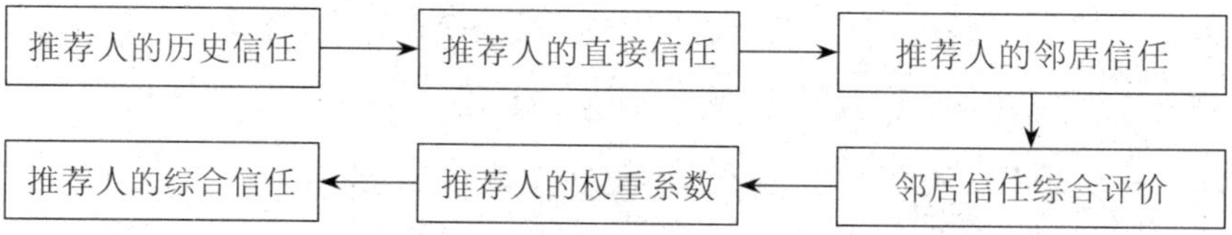

图5-7　推荐信任度的计算过程

定义8：用户i和用户j的综合信任评价，则可在数据传输信任评价过程中使用直接观察、最近信任、历史信任、推荐信任等4个信任值因子进行综合计算，用户i评价用户j的综合信任值可通过以下公式（5-6）计算：

$$T_{ij}(t) = \lambda_1 \times H_n(T_{ij}) + \lambda_2 \times D_i + \lambda_3 \times S_i + \lambda_4 \times C_n(T_{ij}) \tag{5-6}$$

这里，$\lambda_1+\lambda_2+\lambda_3+\lambda_4=1$（$0 \leqslant \lambda_1$，$\lambda_2$，$\lambda_3$，$\lambda_4 < 1$）。

5.2.6　信任值评价算法

在金融科技网数据传输过程中，需要实时检测数据传输过程中的恶意行为，完善用户的信任值，并向其他用户提供信任评价。算法5-1为用户实时数据传输过程中的信任评价算法。

算法 5-1：Blockchain Based Trust Evaluation

1.Function Trust Evaluation

2./* i 表示金融科技用户 i*/

3./* i represents the i-th FinTech user */

4./* H_n（T_{ij}）表示用户 i 历史信任的信任值，D_i 表示用户 i 的直接信任值*/

5./* S_i 表示用户 i 历史信任的信任值，C_n（T_{ij}）表示用户 i 的推荐信任值*/

6.Input Parameters：（i，j，D_{n-1}（T_{ij}），T_i，T_j，H_{n-1}，R_{n-1}）

7./* n 是金融科技用户数*/

8./* Output：T_{ij}（t）*/

9.For（$i=0$；$i\leqslant n$；i++）

10./*计算用户 i 与用户 j 间的信任关系*/

11.For（$j=0$；$j\leqslant n-1$；j++）

12. 计算 $H_n(T_{ij}) = \dfrac{\delta \times H_{n-1}(T_{ij}) + (1-\delta)R_{n-1}(T_{ij})}{2}$，$D_i$

13. 计算 S_i，$C_n(T_i) = \sum_{j=1}^{n} w_j C(T_j)$

14.End For

15.End For

16.For（$i=0$；$i\leqslant n$；i++）

17.For（$j=0$；$j\leqslant n-1$；j++）

18. 计算 T_{ij}（t）$=\lambda_1 \times D_i + \lambda_2 \times R_n$（$T_{ij}$）$+ \lambda_3 \times H_n$（$T_{ij}$）$+ \lambda_4 \times C_n$（$T_{ij}$）

19.End For

20.End For

5.3 本章小结

信任作为一种主观且模糊的评估准则，在金融科技领域的数据传输与处理过程中，能够有效地对安全性和可靠性进行优质的评估。本章通过引入区块链和改进哈希函数的公钥生成算法，该算法能够有效维护金融科技数据的安全性和完整性，并避免了传统集中管理数据的安全风险。在此基础上。本章提出了一种区块链赋能金融科技的动态信任评价算法（DTEBF）。在DTEBF算法中，区块链用于记录各区块设置过程中的相关数据，这有助于金融科技用户来验证信任持有人的信任度，从而使其可靠地实现金融科技网的数据传输。DTEBF算法可以较好地提升金融科技信任机制的安全性、可靠应用等，在提高信任计算精度以及潜在应用方面具有优势。

随着研究的不断深入，金融科技网的应用场景将更加生态化。在未来，拟探索将双区块链架构、多维变换的哈希函数等技术应用于金融科技的各种场景中，提升其应用质量。

6

基于区块链的金融科技信任管理机制研究

金融科技借助互联网、云计算、人工智能、区块链等新技术，推动了金融行业体系结构与范式的革新，提升金融服务效率的同时也带来了金融业务风险外溢，现有的金融监管方式已无法适应金融科技快速发展的需要，迫切需要完善金融科技的信任机制。本章针对金融科技中数据安全保障机制问题进行了研究，通过引入区块链技术，构造了金融科技中基于区块链的分层结构，设计了金融科技中基于区块链的数据结构与信任记录方式，建立了一种基于区块链的金融科技信任管理机制（BFTMM）。BFTMM设计了金融科技中的信任评价指标体系，提出了一种金融科技中基于区块链的信任评价机制，该机制有助于金融科技用户来验证信任持有人发布的信任度，从而使其可靠地实现金融科技交易，确保金融科技数据的安全性和完整性。

6.1 金融科技的信任管理概述

近几年来，金融科技与人工智能（Artificial Intelligence）、区块链（Blockchain）、云计算（Cloud Computing）、数据科学（Data Science）（这四者简称ABCD）等新技术的快速融合，推动了金融科技的变革与发展，金融科技将传统金融业带入一个全新、全方位、更加安全、实时交易等的智能交易时代。

区块链系统以其三大核心特性：分布式分类账、共识机制和智能合约，为金融科技领域带来了革命性的变革（Rehman et al., 2020）。首先，分布式分类账的本质在于去中心化，确保区块链上的数据不被单一用户篡改，从而维护了数据的完整性和可信度。其次，共识机制是一种算法，它确保了在特定时间窗口内对事务处理的先后顺序达成共识，这种机制确保了金融科技业务的公正性和透明度。通过将业务规则转化为软件代码，共识机制保证了所有参与者，无论是金融机构还是其他相关方，都必须遵循既定的规则进行金融活动，这构成了区块链作为金融信任机制的核心基础。最后，智能合约是一套数字化的承诺，与共识机制相结合，能够自动执行结算、汇款以及信任评价等任务。这些特性共同解决了金融科技在分布式场景下的信任、价值转移和一致性等核心问题，为行业的稳健发展提供了有力支持（Khan et al.，2021）。

在金融科技的交易过程中，区块链通过交易用户将交易数据的哈希函数链接到区块链交易中，提供了交易处理过程中的不可变审计跟踪。交易数据被分组到区块中，这些区块通过加密哈希函数链接到链中的前一个区块，因此交易数据几乎不可能在没有检测的情况下生存在当前的区块中。使用公开密钥体系（Public Key Infrastructure，PKI），区块链可以在金融科技交易信息和前区块信息中验证其真实性。一旦区块被挖掘到区块链中，就可以保证区块交易过程中的用户间交易被安全记录，并且是防篡改的（Becker and Bodó，2021）。Afzaal等（2022）针对众筹中的安全攻击、共识协议和有效的信任管理等挑战问题进行了研究，提出了一个安全可靠的基于区块链的众筹（STBC）共识协议机制。STBC建立了一种基于区块链的信任模型，该模型使用加权一致性技术、形式化的有效自动化技术、协商一致协议的形式化规范等来确保STBC一致性协议的正确性、安全性。

在金融科技中，信任可以看作一种依赖关系。信任具有多维性，可以建立在客观因素或对其他人的情感、非理性态度基础上，信任也被视为独立于客观信息（Boldrin，Sellitto，and Tepandi，

2021)。随着金融科技的快速发展，人与人、人与物、物与物之间的交互日渐增多且深入，信任的应用与及时评价是金融科技的前瞻性问题（Zhu等，2020）。Lee等（2021）提出了一种基于多维信任量化方案的证据模糊多准则决策（EFMCDM）机制，通过以量化协作环境中人类代理的信任评价进一步表明，信任感知来自初始化信任行为，而信任行为影响随后的信任感知。

信任模型旨在评估不同服务提供商所提供的信息服务质量。为确保评估的准确性和有效性，这些服务需要满足一系列关键要求，包括细粒度的度量标准、动态更新的能力以及对恶意评级的鲁棒性。这些要求共同构成了信任模型的核心要素，确保了评估过程的精确性和可靠性。信任模型主要解决以下三个核心问题：首先，它确定了实体能够信任的证书是如何确立的。这涉及对证书来源的验证、证书的有效性检查以及证书与实体之间的匹配度评估。其次，信任模型关注于信任关系是如何建立的。这涉及对实体间交互行为的分析、信任评分的计算以及信任关系的形成和维护。最后，信任模型还探讨了在特定环境下，如何对信任关系进行限制和控制。这涉及对信任关系的动态调整、对恶意行为的防范以及对信任滥用的约束。通过解决这些问题，信任模型为信息服务质量的评估提供了有力的支持，有助于确保用户能够获取到高质量、可信赖的信息服务（Challagidad and Birje，2020）。Javaid（2022）提出了一种基于区块链的物联网信任模型（WSIoTs）。在WSIoTs中，服务器通过身份验证后，才能在物联网中添加新用户，使用授权证明（PoA）共识机制验证物联网交易并将区块添加到区块链中。

信任管理可以被定义为一种活动，该活动涉及在交互过程中收集、分析和整理与信任相关的证据，以便进行信任评价并最终作出信任决策。此外，信任管理在安全协议分析中也具有应用价值，它可以结合公钥体系等研究成果，为新的应用系统安全机制的建立提供指导。通过信任管理，我们可以更有效地管理和评估系统中的信任关系，从而提高系统的安全性和可靠性。Li等（2021）为了保证车联网中的车辆隐私安全，提出了一种基于区块链的信任管理模型，该模型通过信任管理算法来约束和规范车辆的行为，并使用区块链来实现车辆的数据安全。Nguyen等（2018）提出了一种用于信任评估的动态贝叶斯网络方法（DBATE）。该方法将个性化标准与交互环境中相结合进行多个观察，以揭示信任评估目标的可信度，研究表明该模型提高了信任决策的实时准确性以及潜在应用方面的优势，可应用于更广泛范围内的信任评价。Barenji（2022）针对云制造领域中供应商与消费者之间存在的信任关系问题，提出了一种创新的解决方案。该方案利用区块链技术的特点和优势，设计了一种基于区块链的信任机制，旨在解决云制造中的信任问题，从而确保供应商与消费者之间的交易更加安全、可靠和高效。这一机制的引入为云制造领域的发展注入了新的活力，为建立更加稳固的信任基础提供了有力支持。Wu等（2021）针对物联网环境中的信任管理和信任评估问题，提出了物联网中一种基于区块链的信任评价与管理机制，该管理机制可以为信任计算创建智能合约，并分析了基于区块链的准确性、收敛性和抗攻击的管理性能。朱曦等（2020）针对云服务中身份管理的核心挑战，提出了一种创新的身份管理与信任模型，该模型结合了区块链技术。在该模型的设计中，云服务提供商能够以动态和分布式的方式有效管理身份和信任关系。这些精心设计的信任机制和评价系统不仅加强了云服务的安全性，还为区块链技术在云服务领域的更广泛应用提供了有力支持。

6.2 基于区块链的信任管理架构

基于区块链的信任管理架构的主要组件是金融科技的客户端、移动边缘用户、信任计算服务器等相关硬件设备。金融科技中的各类用户将协同工作，执行金融交易应用、信任计算、协作服务等工作。

6.2.1 金融科技中基于区块链的分层结构

在金融科技用户间进行数据的传输与处理时，每个金融科技用户簇可由大量移动用户组成。金融科技用户使用区块链应用程序进行数据传输与处理，并将区块存储在用户簇中。金融科技用户通过边缘计算服务来卸载区块链应用程序的计算任务，例如每个金融科技用户的工作证明和交易安全性。移动用户、智能用户的计算任务可以转移到金融科技附近的计算单元。移动用户、智能用户计算单元之间的每条链路都受到公钥基础设施的保护。因此，可以设定区块链是由每个社交社区中的每个移动用户维护和验证的。此外，每个移动用户、智能用户计算单元还管理每个社交社区中移动用户生成的事务。图6-1显示了基于区块链的服务工作流分层结构。

执行层：执行层是实际操作或生产发生的地方。它由多个提供特定功能的实体终端组成。这些可以是物理和虚拟的东西，作为数据采集和交换的接口，如互联网设备、智能设备、硬件和软件等。

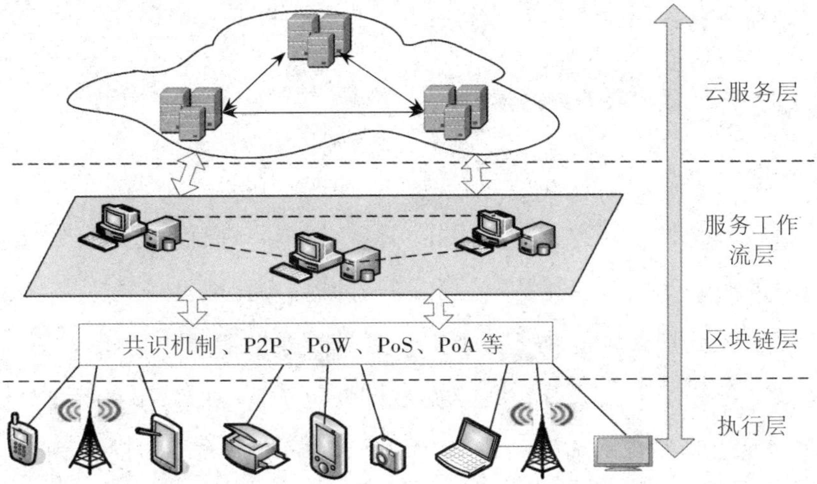

图 6-1　基于区块链的服务工作流分层结构

区块链层：区块链层旨在执行和验证交易。它是一个全球分布式账本，由封装交易数量的块组成，其中包含与不同管理信任域相关的特定域的信息。该层采用分布式账本技术，将信任计算结果存储在各个参与用户的节点上。区块链层采用基于交易的数据模型，实现各种应用之间的各组区块间达成共识。该层的主要功能有：共识机制、基于事务的数据模型、P2P 网络、工作量证明（PoW）、权益证明（PoS）、委托权益证明（DPoS）、授权证明（PoA）、实用拜占庭容错（PBFT）等。

服务工作流层：服务工作流层有助于业务流程建模和管理，在其中选择和组合金融科技服务。分布式自治金融科技服务随时进入、演化、降级或停止的动态特性直接影响金融科技业务流程中的更改。

云服务层：云服务层是整个金融科技服务工作体系结构的最高层，以服务的形式提供标准化和规范。它支持从执行层到区块链层、业务流程服务等的无缝集成、数据存储以及互操作等。

6.2.2 基于区块链的数据模型

区块链作为一种分布式数据库，无须依赖第三方验证或中央权威机构的介入。其数据构成了建立信任模型、进行身份认证以及执行访问控制等安全措施的基石和终极目标。通过区块链技术，我们可以实现更加去中心化、更加安全可靠的数据管理和交互方式。区块链与信任融合后，分布式数据库将金融科技的所有事务数据转换成关联的字符串，存储在一个块中，这个块是在一定时间内构造的，用哈希指针指向前一个数据块，所有的块形成一个完整的单链。区块链技术采用非对称数据块加密算法、信任值更新等方法来保证金融科技交易中数据的安全、中心化。区块链与信任融合的数据模型如图6-2所示。

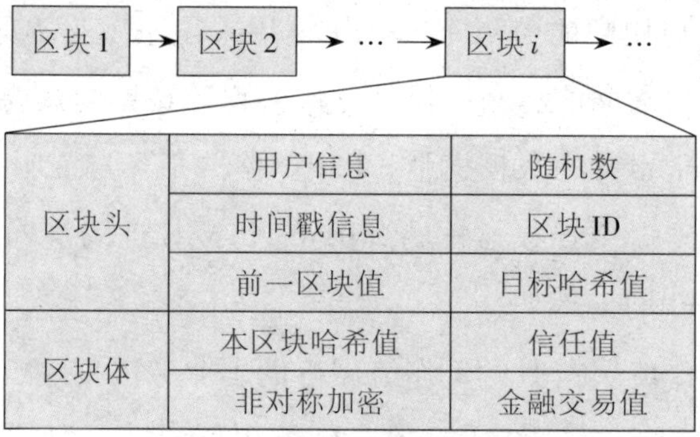

图6-2 区块链与信任融合的数据模型

哈希值可以通过前一区块上的哈希值、交互信任值等特定信息进行计算，然后存放在当前区块上。区块链上的哈希值用于验证用户的真实性、信任值等信息。

6.2.3 哈希函数的特性

在金融科技应用中，哈希函数用于为金融数据生成、传输或存储的数据生成完整性代码，并对交易用户及其交易的数据进行身份验证。哈希函数的特性为：

（1）查找哈希函数：给定一个值 h，可以找到一个对应的消息类型 m，使得 $h=hash(m)$。

（2）唯一性：对于给定的输入消息 m_1，无法找到第二个输入消息 m_2（不等于 m_1），使得 $hash(m_1)=hash(m_2)$。

（3）抗冲突性：无法找到两个不同的消息 m_1 和 m_2，使得 $hash(m_1)=hash(m_2)$。

哈希函数的执行速度意味着这些函数操作在挖掘过程中发生的速度。高质量的哈希函数将会有更多的应用场景。

6.3 区块链的信任管理模型

6.3.1 系统管理模型

在BFTMM机制中，金融科技的用户可以包括三种类型：评估用户、被评估用户和推荐用户。对于金融科技用户 FN_1，其在时间 t 评估相邻用户 FN_2 的可信度，而其他相邻用户 FN_3，FN_4，…，FN_n 也在时间 t 为 FN_2 提供建议。在这种情况下，FN_1 和 FN_2 分别被称为评估用户和被评估用户，而 FN_3，FN_4，…，FN_n 被称为推荐用户，n 为推荐用户数。

用户的可信度可以通过直接信任值和间接信任值的总和来评

估。直接信任值是使用评估用户 FN_1 和被评估用户 FN_2 之间以前的直接交互确定，间接信任值是使用推荐用户基于其对评估用户 FN_1 的可信度建议的信任值计算的。直接信任值是准确的，不受不诚实推荐用户的影响。然而，由于其他邻居用户的不诚实推荐，间接推荐可能容易受到攻击，在此类推荐用户中，了解金融科技中 FN_1 的自私/恶意行为同样重要。

信任评价模型可以通过用户间的评估来计算信任值。移动用户的能量和信任可用于用户间评估。在用户间评估中，FN_1 会在建立信任关系之前评估邻居 FN_2 的行为的数值分数。

考虑到 FN_i 和 FN_j 之间新的积极和消极相互作用被评估为 α 和 β（这里 α，$\beta>0$），每次交易后，需要对最新的 FN_i 和 FN_j 间进行信任评价，并减少先前相互作用对时间 t 的影响，在研究过程中引入一个衰减因子 γ，衰减因子取值越大对交互不信任用户的衰减力度越小，并将 FN_i 和 FN_j 间新的积极和消极相互信任视为 α 和 β 间隔时间 t 的新值。因此 α 和 β 经过时间 t 过后，可通过公式（6–1）和（6–2）计算进行更新。

$$\alpha_t = \alpha_{t-1} + \alpha_{t-1}\gamma \tag{6–1}$$

$$\beta_t = \beta_{t-1} + \beta_{t-1}\gamma \tag{6–2}$$

另一方面，当在时间间隔 t 内，如果 FN_i 和 FN_j 之间不存在新的相互信任关系，α 和 β 在时间 t 时，可通过公式（6–3）计算进行更新

$$\alpha_t = \alpha_{t-1}\mu，\ \beta_t = \beta_{t-1}\gamma \tag{6–3}$$

6.3.2 基于频率的社会信任值

基于频率的社会信任值是通过评估用户 FN_1 和被评估用户 FN_2 之

间的交互次数来估计的。交互的频率越高，则越表明 FN_i 和 FN_j 有很强的信任关系。基于频率的社会信任值是通过评估评估用户和被评估用户之间的交互次数来估计的，即基于频率的社会信任评估 Tf_{ij}（t）可以使用用户之间所有体验的方差来计算。考虑到用户 FN_i 在时间 t 与用户 FN_j 具有积极和消极的相互作用。数学上，Tf_{ij}（t）的计算可用等式（6-4）表示。

$$Tf_{ij}(t) = \alpha_{ij}\beta_{ij}/(\alpha_{ij}+\beta_{ij})(\alpha_{ij}+\beta_{ij}+1) \qquad (6\text{-}4)$$

这里，α_{ij} 和 β_{ij} 分别表示 FN_i 和 FN_j 之间积极和消极相互作用的信任系数。

6.3.3 基于诚实度的社会信任值

基于诚实度的信任值 Th_{ij}（t）可以通过分析不规则行为来识别攻击者用户。诚实是一种社会属性，可以通过用户之间的积极和消极信任互动来计算。Th_{ij}（t）定义了评估移动用户相对于评估用户/推荐用户的诚实程度。初始信任值可表示设为 Th_{ij}（0）=0.5。在时间 $t=0$ 时，移动用户 FN_i 和 FN_j 没有交互。Th_{ij}（t）随时间变化。正交互作用提高 Th_{ij}（t），而负交互作用降低 Th_{ij}（t）。在这个模型中，Th_{ij}（t）的计算可通过等式（6-5）进行计算。

$$Th_{ij}(t) = \alpha_{ij}/(\alpha_{ij}+\beta_{ij}) \qquad (6\text{-}5)$$

基于诚实度的信任值也是定义用户可信度的一个非常重要的参数。

6.3.4 基于相知度的社会信任值

相知度是指评估用户 FN_i 和评估用户 FN_j 在两个移动用户之间进行交易的时间。在时间 t 内的价值越高，则相知度关系的价值越高。

在这个信任因素中，基于相知度关系的社会信任价值观 $Ti_{ij}(t)$ 可根据时间 t 衡量互动体验的水平。它可以通过 FN_i 和 FN_j 之间的交互次数，以及 FN_i 和任何相邻用户 FN_k 之间在一段时间内的最大交互次数来计算。则 $Ti_{ij}(t)$ 可通过等式（6-6）计算：

$$Ti_{ij}(t) = \left(\alpha_{ij} + \beta_{ij}\right) / \sum_{k=1}^{n} (\alpha_{ik} + \beta_{ik}) \tag{6-6}$$

6.3.5 用户的综合信任计算能力

假设移动用户 FN_i 的总内存为 M_{ti}，M_{ri} 为剩余内存。E_{tj} 表示总能量，E_{rj} 表示剩余能量。移动用户 i 的可信度是 T_{ri}，而 T_{oj} 是由移动用户 FN_j 获得的可信度。n 是移动用户 FN_i 成功计算其可信度的移动用户总数。移动用户 FN_i 的信任计算能力由等式（6-7）计算：

$$Tc_i(t) = \begin{cases} \kappa\left(\dfrac{M_{ri}}{M_{ti}} + \dfrac{E_{ri}}{E_{ti}}\right) + (1-\kappa)\left(\dfrac{\sum_{i=1}^{n}\left(\dfrac{T_{oj}}{T_{ri}}\ or\ \dfrac{T_{ri}}{T_{oj}}\right)}{n}\right) \\ if\quad T_{oj} \leqslant T_{ri},\quad \dfrac{T_{oj}}{T_{ri}}\ \ is\ \ used; \\ if\quad T_{oj} > T_{ri},\quad \dfrac{T_{ri}}{T_{oj}}\ \ is\ \ used; \end{cases} \tag{6-7}$$

其中，$Tc_i(t)$ 是移动用户 FN_i 的信任计算能力。移动用户的信任计算能力与其可用内存和能量有关。可调参数 κ（$0\leqslant\kappa\leqslant1$）用于平衡内存、能量和信任计算体验。

如果 FN_i 和 FN_j 分别评估用户和被评估用户，则在交易过程中使用频率、诚实度、相知关系和用户的计算能力等四个信任因子，FN_i 在时间 t 评估 FN_j 的信任值 $T_{ij}(t)$，FN_k 在时间 t 评估 FN_j 的信任值 $T_{kj}(t)$，FN_i 通过权重因子接收，其中 k=1，2，…，n，n 是推荐用户的数量。则 FN_i 评估 FN_j 信任值通过以下公式计算：

$$T_i(t) = \lambda_1 T_i^1(t) + \lambda_2 T_i^2(t) \tag{6-8}$$

$$T_i^1(t) = \lambda_3 \sum_{j=1}^{n} Tf_{ij}(t) + \lambda_4 \sum_{j=1}^{n} Th_{ij}(t) + \lambda_5 \sum_{j=1}^{n} Ti_{ij}(t) + \lambda_6 Tc_i(t) \tag{6-9}$$

$$T_i^2(t) = \mu_3 \sum_{j=1}^{n} Tf_{ij}(t) + \mu_4 \sum_{j=1}^{n} Th_{ij}(t) + \mu_5 \sum_{j=1}^{n} Ti_{ij}(t) + \mu_6 Tc_i(t) \tag{6-10}$$

这里，$T_i^1(t)$是通过直接信任计算，$T_i^2(t)$是通过间接信任计算，且 $\lambda_1+\lambda_2=1$，$\lambda_3+\lambda_4+\lambda_5+\lambda_6=1$，$\mu_3+\mu_4+\mu_5+\mu_6=1$（$0<\lambda_1$，$\lambda_2$，$\lambda_3$，$\lambda_4$，$\lambda_5$，$\lambda_6$，$\mu_3$，$\mu_4$，$\mu_5$，$\mu_6<1$）。

6.4 基于区块链的信任管理分析

6.4.1 信任值计算算法

在金融科技信任管理中，所有信任管理都记录在区块链上，从而将原始区块链系统中金融科技终端设备的负担降至最低。在金融科技交易中，需要实时检测金融科技交易过程的恶意行为，完善用户的信任值，并向其他用户提供信任评价。算法6-1为用户实时交易过程中的信任评价算法。

算法 6-1：Blockchain Based Trust Evaluation

1.Function Trust Evaluation

2./*FN_i表示金融科技用户数i*/

3./*α_{ij}和β_{ij}分别表示FN_i和FN_j之间的积极和消极相互作用的信任因子*/

4./* Tf_{ij}（t）表示频率的社会信任值，Th_{ij}（t）表示诚实度的信任值*/

5./* Ti_{ij}（t）表示相知度关系的社会信任值，Tc_i（t）表示用户 c_i 的计算能力*/

6.Input Parameters：（FN_i，α_{ij}，β_{ij}，c_i）

7./*n 是金融科技用户数*/

8.Output：T_{ij}（t）

9.For （i=0；$i\leqslant n$；i++）

10.计算 FN_i 与 FN_j 间的信任关系

11.For （j=0；$j\leqslant n-1$；j++）

12.计算 α_{ij}，β_{ij}

13.计算 Tf_{ij}（t），Th_{ij}（t），Ti_{ij}（t）

14.End For

15.End For

16.For （i=0；$i\leqslant n$；i++）

17.If （$T_{oj}\leqslant T_{ri}$）

18.计算 T_{oj}/T_{ri}

19.Else

20.计算 T_{ri}/T_{oj}

21.计算 $Tc_i(t) = \kappa(\frac{M_{ri}}{M_{ti}} + \frac{E_{ri}}{E_{ti}}) + (1 - \kappa)(\frac{\sum_{i=1}^{n}(\frac{T_{oj}}{T_{ri}} or \frac{T_{ri}}{T_{oj}})}{n})$

22.End For

23.For （i=0；$i\leqslant n$；i++）

24.For （j=0；$j\leqslant n-1$；j++）

25.计算 T_{ij}^1（t），T_{ij}^2（t）

26.计算 $T_{ij}(t) = \lambda_1 T_{ij}^1(t) + \lambda_2 T_{ij}^2(t)$

27.End For

28.End For

6.4.2 区块链信任的信息熵分析

根据基于区块链的数据模型，每次金融科技交易后就进行信任值计算并存放到当前区块链中。这样可以通过定量预测方法对信任值进行预测分析，从而预测用户的信任趋势。

在信息论中，信息熵是一个用于量化随机变量不确定性的度量指标。设X是一个取值有限的离散随机变量，其概率分布为：

$$P(X=x_i)=p_i, i=1, 2, \cdots, n \tag{6-11}$$

那么随机变量X的信息熵可定义为：

$$H(X) = -\sum_{i=0}^{n} p_i \log p_i \tag{6-12}$$

当$H(X)$的值越小时，说明金融交易后用户的信任值越稳定，其信任趋势越稳定。

6.4.3 BFTMM机制的复杂性分析

在BFTMM信任机制中，对于每个金融科技交易事件，其BFTMM信任机制的复杂度等于O（n^2）。当涉及强大的金融科技服务提供商、云计算服务器和众多终端时，这种复杂性是合理的。对于存储复杂性，可以通过仅维护计算推荐值时使用的最新事务并用其merkle哈希替换旧块来优化区块链事务的存储。

在BFTMM信任机制中，交易次数从1×10^3次到10×10^3次的变化，金融科技的交易过程中的验证时间和根据区块链中存储的信任值计算推荐值所需的时间。验证和请求操作的延迟分别随事务和查询的数量线性增加。

6.5 本章小结

金融科技借助ABCD等新技术推动了金融行业体系结构与范式的革新，区块链确保了金融科技交易的安全、可靠运行。区块链架构中信任关系的建立是基于数学和金融学原理，为金融科技所有操作的透明度和可验证性提供安全性。

通过引入区块链技术，构造了金融科技中基于区块链的分层结构，建立了金融科技中基于区块链的数据结构与信任记录方式，确保了金融科技数据的安全性和完整性。在此基础上建立了一种基于区块链的金融数据信任管理机制，设计了金融科技中的信任评价指标体系，提出了一种金融科技中基于区块链的信任评价算法，这些有助于金融科技用户来验证信任持有人发布的信任度，从而使其可靠地实现金融科技交易。该机制可以较好地提升金融科技信任机制的安全性、可靠应用等，在提高信任计算精度以及潜在应用方面具有优势。

7

金融科技的多维信任模型及评价机制

7.1 金融科技的多维信任概述

近年来，随着人工智能、区块链、云计算、互联网等新技术的快速发展和广泛应用，智能手机、智能终端设备、金融支付业务、智慧城市与智能交通等移动及智能应用百花齐放。这些新兴应用带来了万物互联及计算，具有计算密集、时效性强、数据可靠性高等特点，尤其是其在金融科技领域的应用，使得移动设备在识别能力、信任评价、安全性认证、计算能力等方面面临巨大挑战，人们需要更好的安全机制、信任评价机制以及计算模式来提高金融科技终端设备的安全与可靠处理能力（赵万里等，2022；Sanka et al.，2021；Wu and Liang，2021；Bellini，Iraqi，and Damiani，2020）。本章将结合互联网、区块链、云计算、人工智能等新技术，梳理金融科技信任的指标体系与评价机制，并指出其所面临的挑战。

金融科技的核心是金融行业与新技术的相互促进、互动融合与相互影响，金融科技将推动金融行业结构的革新与颠覆式创新（巴曙松、白海峰，2016）。新的创新会重构每个金融科技应用，进而形成新的组织形态或组织形式，重塑金融底层逻辑架构，实现更好的金融科技创新。新技术创新加快了不同金融主体之间的数据流动，有助于金融有效信息和资金从金融机构流向实体产业，促使金融科技要更能适应和推动金融行业的风险防控与创新发展。金融科技主要应用于金融科技业务的处理、监测、报告、合规等金融事务，需要正确处理金融数据的快速性、安全性、可靠性等，完善金融科技相关的理论基础与研究方法是金融科技领域的前瞻性问题（胡滨、任喜萍，2021）。

金融科技服务者的信任评估问题已经引起了金融科技行业内

许多研究者的关注，并产生了革命性的研究成果（崔毅安等，2020；夏清等，2021；Wang et al.，2020；Huang et al，2017）。在金融科技诚信体系方面，传统金融必须依赖于严格的交易记录来累积信任，才能提升融资或贷款的效率，使用区块链、人工智能等技术手段可确保双方交易的安全性和可靠性。Huang等（2017）提出了一种分布式声誉管理系统（Distributed Reputation Management System，DREAMS），该系统将信任维度分为相似度、熟悉度和及时性等3个维度，并利用人工智能技术和多权重主观逻辑的方法进行维护和更新本地服务的信任信息。在金融科技信任评价方面，利用区块链的智能合约技术对数据的可用性、完整性和计算费用等方面进行评估，较好地优化和提升了边缘计算、智能合约、数据监测等相关的金融科技信任问题（Huang et al，2017；杜瑞忠、许琨琪、田俊峰，2020；Lockl et al.，2020）。杜瑞忠等（2020）提出了一种互联网中基于图论的信任评估优化模型与算法（TM-GT）。TM-GT模型先对互联网终端设备间的信任关系进行定义，然后采用信息熵理论的自适应聚合算法对信任值进行过滤处理，过滤掉明显不符合信任要求的终端，减少了信任计算带来的消耗。区块链技术较好地降低了金融科技成本、提高了金融支付效率，创造了一个全新的金融模式。

7.2 金融科技的多维信任模型设计

7.2.1 信任定义

由于金融科技的信任关系，区块链被认为是建立去中心化互联网的一个有前途的方向，在这个生态系统中，属于不同各方的服务可以被组织起来，移动互联网中的服务贡献将得到适当的激励。目前，许多基于区块链的方法被提出，以提高金融科技的信任关系。

信任是对服务提供者能否提供优质金融科技服务的主观判断，它在选择合作伙伴时提供指导，有助于避免与自私或恶意的服务提供者建立关系。这种信任确保了服务提供者之间金融活动的安全性与可靠性，如通信和支付等。在金融科技领域，信任关系通常被分为直接信任、间接信任、推荐信任和反馈信任等几种类型。

定义1：直接信任可以看作一定时间内服务请求者 *di* 到服务提供者 *dj* 的历史支付信息得出的信任评价。直接信任是支付服务请求者根据支付服务结果的满意度来评估支付服务提供者，是支付者聚合多次支付服务结果所得出的信任评分。服务请求者 i 对服务提供者 j 提供的最近服务交互评分集合记为 $S_{ij}=\{s_1, s_2, \cdots, sn\}$，其中，支付成功评分为1，失败则为0，该信任序列将存储在相关的信任评价数据服务器中。直接信任 DT_{ij} 可以由公式（7-1）的风险概率模型计算：

$$DT_{ij}=\frac{p\times(q)^{-1/\alpha}}{p+q} \tag{7-1}$$

式中：p 表示一定时间 t 内支付成功的次数；q 表示一定时间 t 内支付失败的次数。利用惩罚因子 α 可以防止不信任或恶意服务者在较高的信任累计后的突然攻击。

定义2：间接信任值是在一定时间内将请求者对服务提供者的支付过程存放在信任数据库中，信任服务器将根据服务者的信任评估值来计算金融科技服务提供者与服务请求者间的信任关系，是金融科技服务请求者获取服务提供者信任关系的一种间接方式。则间

接信任的IT_{pq}可以由公式（7-2）计算

$$IT_{pq}=\frac{1}{n}\times\sum_{i=1}^{n}(Pr_{pi}\times D_i)\times RT_{iq} \tag{7-2}$$

这里，n表示节点数量，D_i表示第i个节点的自我信任值，RT_{iq}表示节点D_i在时间t的可信度分数，Pr_{pi}表示节点D_i在节点D_p上的信任权重。

定义3：推荐信任是由服务请求者和服务提供者的公共邻居构成的一种特殊类型的信任。在金融科技服务中，仅考虑服务请求者和服务提供者之间的交互行为不足以应对各种信任关系。推荐信任取决于两个方面：一是推荐者自身的信任水平，二是推荐者对服务提供者的信任水平。因此，每个推荐人的权重系数是不同的。

公共邻居的服务请求者i对服务提供者j的推荐信任可以表示为R_{ij}。推荐信任R_{ij}将信任评价值以矩阵的形式存放在信任评价服务器中，由信任评价服务器进行更新与管理工作。为了减少自夸，信任评价服务器将DT_{11}-DT_{nn}的值设置为0。推荐信任的R_{ij}可以由公式（7-3）计算

$$R_{ij}=\begin{bmatrix}0 & DT_{12} & \cdots DT_{1n}\\ DT_{21} & 0 & \cdots DT_{2n}\\ \vdots & \vdots & \vdots\\ DT_{n1} & DT_{n2} & \cdots \quad 0\end{bmatrix} \tag{7-3}$$

定义4：反馈信任可以看作基于其他直接邻居服务者的信任评价意见聚合而成的信任评价值。

反馈信任是由直接信任和推荐信任融合后而形成的信任关系，它综合考量了多种信任关系，反馈信任也能较好地刻画服务者间的客观信任关系。建立反馈信任的好处在于可以提高服务请求者信任度，提高成交支付率，促进金融科技的优化及迭代。为了让服务请

求者的反馈信任能更快地传递到金融监管机构，需要建立反馈信任评价。根据各种信任关系与聚合规则，反馈信任 FT_{ij} 可以由公式（7-4）、（7-5）计算：

$$FT_{ij} = \frac{1}{k}\sum_{l=1}^{k} Q_{ij}^{l} \tag{7-4}$$

$$Q_{ij}^{l} = DT_{i2} \times DT_{23} \times \cdots \times DT_{nj} \tag{7-5}$$

式中：Q_{ij}^{l} 表示从服务请求者 i 到服务提供者 j 的第 l 条信任路径中计算得到的反馈信任值；i（i=1，2，…，n）、j（j=1，2，…，n）表示该条信任路径中经过的所有服务者的编号；FT_{ij} 表示两个服务者间所有信任路径反馈信任的聚合值，即服务请求者 i 对服务提供者 j 的信任关系；l 表示服务者间信任路径的总条数。

定义 5：综合信任是指基于直接信任、间接信任、推荐信任和反馈信任等相关信任以及其他直接邻居服务者的信任关系聚合而成的信任评价值。

综合信任是服务请求者对服务提供者的综合考虑而得出的信任关系，是对一定时间内的金融服务方式获得的直接信任、间接信任、推荐信任和反馈信任等而聚合的最终信任评价值。当金融服务者之间没有直接服务记录的时候，推荐信任和反馈信任就被视为综合信任并以其来构建陌生金融服务者间的信任关系。综合信任 T_{ij} 可以由公式（7-6）计算：

$$T_{ij} = w_1 DT_{ij} + w_2 IT_{ij} + w_3 RT_{ij} + w_4 QT_{ij} \tag{7-6}$$

式中：w_1、w_2、w_3、和 w_4 分别表示直接信任、间接信任、推荐信任和反馈信任等的自适应权重，$w_1+w_2+w_3+w_4=1$（$0 \leq w_1$，w_2，w_3，$w_4<1$）。

7.2.2 信任间的相互关系

金融科技的多维信任指标，主要信任类型可以分为：直接信任、间接信任、推荐信任和反馈信任。多维信任的信任结构如图 7-1 所示。

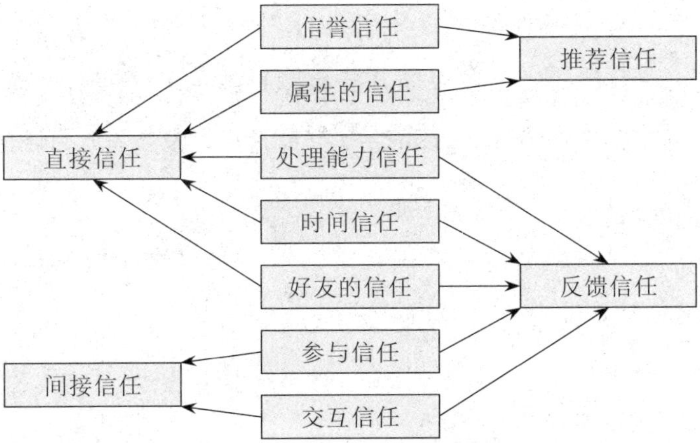

图 7-1 多维信任的信任结构

直接信任是服务提供者对服务请求者信任程度的直接度量。间接信任是根据服务者的活动情况和其他服务者的响应程度来度量的。

7.3 金融科技的多维信任指标体系

7.3.1 构建区块链的金融科技多维信任机制

在金融科技中，应根据多维信任的风险指标体系，明确区块链表中的信任风险指标，建立区块链与信任风险量化指标数据库，实现客户信任识别、金融科技实时处理的监控与管理。

（1）属性的信任：参与金融科技的服务者属性（包括姓名、出生年月、性别、注册时间、地点等一些相关信息），ATrust（a，b）=（$|a_b \cap b_a|$）/N，$|a_b|$表示服务者a对服务者b的信任度、$|b_a|$表示服务者b对服务者a的信任度，N表示服务者数。

（2）信誉信任：服务者间的信任态度，服务者间产生消极或积极的威望影响，PreTrust（a）=|积极的态度-消极的态度|。

（3）交互信任：服务者间开展金融科技业务的通信时间、处理时间等的计算交互信任，$\text{ITrust}_a=\sum_1^n I_a$，$I_a$表示服务者$a$的通信时间、处理时间的和。

（4）处理能力信任：终端设备的处理能力等，CTrust（a）=终端设备A的处理能力。

（5）参与信任：反映服务者参与金融科技的程度，PartTrust（a）=|参与数|/全部数。

（6）时间信任：主要是服务者间基于时间的信任关系，TTrust（a，b）=αN_p（a，b）/（αN_p（a，b）+（$1-\alpha$）N_q（a，b）），N_p（a，b）表示可信时间信任，N_q（a，b）表示不可信时间信任，α是权重系数，$0\leq\alpha<1$。

（7）好友的信任：主要是在金融科技活动中，共享邻居间的好友信任关系，FTrust（a，b）=|F（a）∩F（b）|/|F（a）∪F（b）|，|F（a）|表示服务者a的好友信任邻居数，|F（b）|表示服务者b的好友信任邻居数。

其综合信任值，Trust（a）= α_1·ATrust（a，b）+ α_2·PreTrust（a）+ α_3·ITrust_a+ α_4·CTrust（a）+ α_5·PartTrust（a）+ α_6·TTrust（a，b）+ α_7·FTrust（a，b），其中$0\leq\alpha_1$、α_2、α_3、α_4、α_5、α_6、$\alpha_7<1$，且

$\alpha_1+\alpha_2+\alpha_3+\alpha_4+\alpha_5+\alpha_6+\alpha_7=1$。

7.3.2 区块链的信任评价

基于服务者对金融科技行为的影响，可以将计算出的任务成功得分和每个代理的偏差得分相加，生成一个总信任得分；然后，我们可利用区块链的能力在所有服务者之间保持一致的信任分数。

在信任评价系统启动时，分布式服务者为每个金融科技业务生成一个信任块，保存其信任评分。显然，第一个区块包含所有金融科技业务的相关值。然后，通过一个数学哈希函数，将更新的总信任分数保存在有时间戳的区块中，与之前的区块相链接。因此，每个金融科技业务将有一个不可变的区块链。金融科技业务 u_j 的总信任得分可由公式（7-7）、（7-8）和（7-9）计算，其中 w_T 和 w_δ 为权值，$w_T+w_\delta=1$，$w_T+w_\delta\in[0,1]$。

$$T_j=w_T\cdot p(T_j)+w_\delta\cdot\delta \tag{7-7}$$

$$p(T_j)=\sum_{i=1}^{n}p(T_j|D_i)\times p^t(D_i) \tag{7-8}$$

$$p^t(D_i)=(w_{(i,j)}+T_i^t)/2 \tag{7-9}$$

上列式中：D_i 表示第 i 个服务者；$p(T_j)$ 表示金融科技业务 u_j 当前任务成功分数；$p^t(D_i)$ 表示服务者 D_i 在时间 t 的可信度得分；T_i^t 表示服务者 D_i 在时间 t 的信任分数；$w_{(i,j)}$ 表示服务者 D_i 在 u_j 上的精度权重；$p(T_j|D_i)$ 表示该聚合 $p(T_j)$ 与各服务报告的差值，即为对应任务在 t 时刻的精度。

可以将每个金融科技业务 u_j 的总信任得分加入到区块链中，计算每个金融科技业务最后一次信任得分与当前信任得分的差值，来识别潜在的危害服务者。由于所有金融科技业务都经历过相似的环境条件，金融科技业务之前的信任评分与现有的信任评分的差值都应该在相同的范围内。然而，如果其中一项金融科技业务的差异规模不同于其他金融科技业务，这意味着金融科技业务可能受到冲击。

7.4 本章小结

区块链作为金融科技的底层支撑技术，在去中心化公共环境下能以安全可验证的方式提升金融科技的应用。区块链与金融科技融合的研究工作有效地推动了金融科技中信任评价机制的发展。

本章主要针对金融科技中的安全性和信任机制问题，提出一种基于区块链的金融科技多维信任评估机制。本章首先构建了三层区块链结构（云级区块链、互联级区块链、应用级区块链），以确保加入到金融科技中的服务者是安全的、可靠的和可信任的；然后，针对区块链的金融科技支付行为的信任结构，设计了基于区块链的金融科技中服务者的直接信任、间接信任、推荐信任和反馈信任等多个维度的信任指标及评价机制，通过自适应权重机制建立综合信任值。

8

数字金融中的数字信任评价机制

8.1 数字金融的信任概述

1）数字金融

随着数字化应用的不断深入，各行各业正在经历前所未有的变革，新的业务形态和模式层出不穷。在2024年1月16日举办的省部级主要领导干部推动金融高质量发展专题研讨班启动仪式上，习近平总书记指出："坚持把金融服务实体经济作为根本宗旨，坚持把防控风险作为金融工作的永恒主题。"党的二十大报告强调："深化金融体制改革，建设现代中央银行制度，加强和完善现代金融监管，强化金融稳定保障体系，依法将各类金融活动全部纳入监管，守住不发生系统性风险底线。"2023年10月召开的中央金融工作会议强调："要加快建设金融强国，全面加强金融监管，完善金融体制，优化金融服务，防范化解风险，坚定不移走中国特色金融发展之路，推动我国金融高质量发展。"同时，会议还强调要"做好科技金融、绿色金融、普惠金融、养老金融、数字金融'五篇大文章'"。

数字金融的发展要坚持统筹创新和安全防控，既要提升数据安全防护能力，也要强化对数字金融新产品、新模型、新模式的风险防控，加快健全数字风险管理体系。持续完善数字金融风险感知、识别、评价等机制，强化金融风险源头管控，维护经济金融安全和社会大局稳定，已成为引导数字金融健康发展的核心问题之一。数字金融在整个金融体系中具有重要地位，其信任风险管理对于防范整个金融体系的系统性风险至关重要，深入研究数字金融中数字信任风险的影响机制具有重大意义和深远影响。

2）数字信任

随着人工智能、区块链、量子计算及云计算、数据科学等数字技术的迅猛进步，传统的信任形式和构建模式正在经历深刻变革。数字信任正以一种颠覆性的方式重塑信任关系的生成与维系方式。制度信任、数据信任、人际信任、技术信任与系统信任等要素正在被整合为数字信任的核心要素，不仅满足了数字金融社会活动的全方位需求，更将信任关系推向了一个更高级别的形态。数字信任已成为数字社会独特的信任模式，其技术性、关系性、中介性和综合性等特征，使其成为信任关系的新高度。

在数字金融中，数字信任成为连接应用场景的供给与需求间合作关系的重要纽带。为了推动数字金融行业的健康发展，需要构建一个稳固的数字信任生态。这一生态的建立旨在确保数字金融应用场景的创作者、消费者以及企业之间能够建立起相互信任的关系。数字信任是数字金融的基石，对于推动数字化战略转型具有重要的意义，因此具有划时代的价值。

3）数字信任的特性

数字信任的重要性体现在其能够在信任基础薄弱或未知的环境中，迅速建立起可靠的信任桥梁，从而有效节省了建立信任所需的时间和成本，并在特定范围和程度上增强了商业信用。此外，数字信任还能在互联网环境中实现即时、无距离的认证，进而提升互联网的整体效率和运行稳定性。数字信任的核心优势在于其高效、低成本且具有广泛普惠性。通过算法的应用，信任的范围可以得到极大的扩展；原本局限于小范围的信任有可能转变为大范围的信任；原本需要通过中介机构建立的间接信任有可能转变为无须中介的直接信任；原本高成本的信任建立过程有可能转变为低成本的建立过程；原本缺乏信任的环境有可能转变为充满信任的环境。

数字信任与信息新技术密切相关，是信息新技术信任的一种表现形式，具有信任的各种特性（崔久强、陈晓曈，2021；杨小强、张江朋，2024）。

第一，数字信任是基于信息新技术的技术信任，能够实现高效率的识别与处理。

第二，数字信任是拓展的关系信任，能够根据其准确判断个人与群体间的信任。

第三，数字信任是制度信任、数据信任、人际信任、技术信任与系统信任等的综合体。

第四，数字信任是信任转移的结果。数字信任可以快速实现不同种类的信任转移。

数字信任是一种新兴的、基于数字技术的双向交互信任关系，它涵盖了数字空间中的各类参与者，包括政府、公司、个人以及相关技术等。作为人际信任和制度信任的自然延伸，数字信任在促进可信数据的顺畅流通方面发挥着不可或缺的作用。通过数字信任，人与机器、技术、平台之间建立起了坚实的信任基础，使得人们对数字空间的软硬件、平台等充满信心，确信它们具备出色的可靠性、安全性和效率。为了赢得用户的信任，平台需要充分展示其保障在线程序或设备安全、保护用户隐私、确保系统可靠性以及遵守数据道德标准的能力。

数字信任作为一种服务区分机制，能够将可靠服务与劣质服务明确区分开来，从而帮助用户作出更加明智的选择，确保选择到安全可靠的公司。数字信任在用户与金融科技机构、金融科技公司等之间搭建了一座信任的桥梁，向用户保证他们将以安全、可靠的方式获得所需的服务或产品。因此，一家公司所积累的数字信任越深厚，就越有可能吸引更多的用户，赢得更广泛的市场认可。

8.2 数字信任的价值

1）数字信任是数字经济繁荣与创新的基石，为经济活动提供了不可或缺的信任机制

在数字经济时代，无论是个人还是企业，在进行经济交易时都高度依赖这一核心机制。2019年5月，诺贝尔经济学奖得主保罗·罗默在《全球数字经济发展洞察》的演讲中，强调了建立信任与制定规则在数字平台演进中的同等重要性。数据作为数字经济的核心驱动力，数字信任在解决数据治理与安全保障问题、推动数据市场的形成、支撑数据的市场化配置以及促进数字经济的整体增长等方面扮演着关键角色。通过构建稳固的数字信任关系，能够有效应对平台垄断、大数据杀熟、假冒伪劣商品、算法歧视、刷单炒信等数字治理难题，推动我国数字经济朝着良性竞争和稳健发展的方向不断迈进。

2）数字信任在降低经济运行中的交易成本方面发挥着重要作用

随着数字经济的蓬勃发展，构建政府/公共部门与自然人、政府/公共部门与企业/其他组织，以及企业/其他组织与个体用户之间的数字信任关系，并推动人机交互和机器交互的信任机制，将显著降低经济活动中的交易成本。这一举措将促进数字经济的健康发展，提高市场效率，推动各方参与者之间的合作与共赢。这不仅能够有效规避诺斯型低信任贫困陷阱，即因合同的有效性和低成本执行无法得到保障而陷入的发展困境，还能为第三世界国家摆脱不发

达状态提供重要支持。因此，数字信任的建立对于推动数字经济的发展和提升整体经济效率具有至关重要的作用。

3）数字信任是推动企业数字化转型的关键驱动力

随着企业逐步推进数字化转型，数据隐私与网络安全风险也相应增加，这使得构建数字信任体系变得愈发重要且充满挑战。唯有成功构建数字信任体系，企业才能有效抵御网络攻击、确保系统和数据的安全、保护用户隐私，从而确保企业在数字化转型过程中顺利运作。只有这样，企业才能加快经济数字化转型的步伐，实现更加高效、可靠和安全的运营，为企业的长期发展奠定坚实基础。

4）数字信任是数字政府建设的基石，对于推进政府治理体系和治理能力的数字化具有至关重要的战略意义

在构建数字政府的过程中，运用数字技术来强化和提升治理水平成为核心任务。通过构建和维护数字信任，政府可以更有效地管理和服务公众，提升政府工作的透明度和效率，推动数字政府建设的不断深入。政府治理的起点在于身份认证和管理，因此，建立统一的管理平台、数字身份认证等机制，将政府部门的数据信息汇聚起来，深入挖掘数据价值，对于实现政务服务的精准化、社会治理的智能化以及管理决策的科学化至关重要。在这一过程中，数字信任发挥着至关重要的作用，确保了数据的安全性和可靠性，为数字政府建设提供了坚实的支撑。

5）数字信任在弥合数字鸿沟方面扮演着至关重要的角色

数字鸿沟存在于个人、公司、地区和国家等多个层面，涵盖了“接入鸿沟”、“使用鸿沟”以及“能力鸿沟”等。尽管数字鸿沟的形成原因复杂多样，但缺乏数字信任无疑是其中的一个重要

因素。通过构建和增强数字信任，可以更有效地缩小数字鸿沟，促进数字技术的普及和应用，从而推动社会的全面进步和发展。党和国家高度关注数字经济发展中的数字鸿沟问题，并多次强调要增强数字经济的可及性，以消除数字鸿沟。通过构建数字信任关系和培养公民的数字素养，可以使公民享受到更便捷、更安全、更优质的在线交易和服务，从而有效缩小数字鸿沟，推动数字经济的普及和发展。

6）数字信任是构建良性数字经济市场的基石，对于推动数字经济时代的平台经济和共享经济模式的成功至关重要

在经济学信任理论的视角中，信任被视为良好、成熟市场经济发展的核心要素，对于塑造优质的经济环境和稳定的市场秩序具有不可或缺的重要性。随着数字经济时代的来临，数字信任的经济价值日益凸显，成为金融科技公司成长与传统公司数字化转型的关键因素。在微观层面，数字信任能够推动公司的创新与发展，增强公司的竞争力和市场地位，为公司带来更大的发展空间和机会。而在宏观层面，数字信任则能够推动整个数字经济市场的健康发展，促进经济的稳定和可持续发展。

7）数字信任在推动新兴技术创新应用中发挥着至关重要的作用

尽管新兴数字技术为经济社会带来了丰富的机遇和潜力，但同时也伴随着复杂的风险和挑战。政府和公众对于网络犯罪、网络安全风险等的担忧，以及对新兴技术的迟疑和对企业保障隐私的疑虑，都可能成为技术创新进程中的阻碍。这些问题需要得到充分的关注和应对，以确保技术创新能够顺利推进，为经济社会发展带来更多的机遇和福祉。通过建立围绕技术的数字信任关系，这些问题可以得到有效解决。《全球数字经济发展研究报告（2024年）》指

出，数字信任能够有效地进行风险评估、控制安全风险以及保护隐私问题。当技术具有较高的数字信任度时，它们将更快地达到技术成熟期，并实现更好的创新，降低应用成本。这凸显了数字信任对于技术的快速发展和广泛应用的重要性，为技术的广泛应用和持续发展提供了坚实的支撑。

8.3 数字信任的核心特征

1）数字身份是数字信任的核心基石

数字身份的发展历程跨越了多个阶段，从早期的电子印章和电子签名，逐渐演变为电子认证和电子身份证等。如今，数字身份已经发展成为一个具备可识别性、可验证性以及系统唯一性的标识体系，广泛应用于链入或映射到数字空间、实体经济的各种场景。在数字空间中，数字身份不仅用于区分和辨识不同网络中实体经济的身份和行为，更是数字信任体系构建的核心基石，为数字信任的建立提供了坚实的基础。这一体系为数字世界的信任机制奠定了坚实的基础，确保了数字交互的安全与可靠。

2）数字信任主要关注的风险聚焦于互联网安全和数据安全

随着数字经济的蓬勃发展，社会风险特性相较于传统风险已发生显著转变。在数字空间中频发的网络犯罪、网络攻击、数据泄露及滥用事件等，凸显了互联网安全和数据安全在现代数字社会中的核心地位。因此，数字信任的核心关注点在于：互联网实体是否能够有效防御网络攻击、保障系统和数据的安全，以及切实保护用户的隐私权益。

3）数字信任建立在数字技术之上，能够适应不断变化的应用场景

相较于传统信任关系所依赖的经验知识、社会制度和个体情感等诸多因素，数字信任的构建更加侧重于数字技术的创新、运用和实施。这主要体现在两个方面：首先，数字身份的实现主要依赖于数字技术，为信任和安全方面的创新应用提供了支持；其次，数字信任体系需要适应未来数字空间的规则和结构，包括人工智能、区块链、量子计算以及互联网等技术的发展。因此，数字信任不仅关注当前的技术应用，还具备前瞻性，能够适应未来数字技术的变革和发展，为数字时代的信任建设提供有力支撑。

4）数字信任的关键领域

根据当前数字技术的创新应用情况，数字信任涵盖了六个关键领域，包括隐私、安全性、身份认证、可预测性、风险缓解以及数据完整性等。这些领域共同构成了数字信任的核心要素，为数字技术的广泛应用提供了坚实的信任基础。

隐私：是指在进行交易时，个人信息得到保护，不被未经授权地泄露或使用的能力。

安全性：是指在交易过程中，交易双方的基础设施和数据得到充分的保护，免受各种恶意威胁、攻击或未经授权地访问的能力。

隐私与安全性这两者共同构成了数字交易中不可或缺的信任基础。

身份认证：是指在进行交易时，能够验证并确保交易各方真实身份的能力。

可预测性：在数字金融领域中，可预测性体现在通过数据分析

可提取有价值的见解，作出科学预测，以识别潜在的金融交易风险，并据此制订合理的规划、策略。这些要素共同构成了数字金融交易中的信任基础和决策支持。

风险缓解：在数字金融领域，风险缓解代表着一种能力，这种能力能够识别、评估风险，并确定其优先级，随后通过高效合理的资源配置方式，尽最大可能降低或化解这些风险。

数据完整性：是指在数字金融的整个生命周期中，保持数据准确性和一致性的能力，这对于确保金融交易的可靠性和合规性至关重要。

8.4 基于区块链的数字信任体系

8.4.1 区块链作为数字信任构建的技术支撑

1）区块链的可信任性

区块链利用分布式记账机制和公钥密码体系，构建了信息公开透明和不可篡改的信任基石。在公钥密码体系中，作为区块链的核心要素，通过公钥和私钥的配对使用，有效避免了对称加密中密钥泄露所带来的信息安全隐患，为区块链的信任体系提供了坚实保障。通过加密算法，区块链生成的记录具有极高的持久性和稳定性，几乎无法被篡改，这突破了传统模式中依赖制度约束来建立信用的方式，提供了一种全新的、基于技术的信任机制。

2）区块链的约束力

在数字技术中，共识机制是区块链技术创新应用的核心规则。不同的共识机制需要各自特色的区块链创新体系和应用场景。目前，典型的共识机制分为四类：工作量证明机制（Proof of Work，PoW）、权益证明机制（Proof of Stake，PoS）、授权股权证明（Delegated Proof of Stake，DPoS）以及验证池共识机制（Pool）。除了上述共识机制的约束之外，区块链的智能合约也同样具有约束力。

8.4.2 信任危机的区块链解决方案

区块链技术以其独特的共识机制、智能合约及分布式记账等机制，为交易过程带来了不可篡改和去中心化的特性。借助分布式记账，即使交易双方的身份保持匿名，只要交易发生在公有链上，每条记录都将被全网共享，从而形成了透明、可追溯的交易历史。这种透明性有效地缓解了因信息不公开或匿名性而引发的信息不对称问题，进而增强了人们对信息的信任感，优化了整体的社会信任环境。此外，智能合约的引入进一步突破了传统法律的地域性限制和执行难题。智能合约是一种预先编写的代码，当满足预设条件时，它能够自动执行并完成整个交易流程，从而确保了交易的顺利进行。这种自动化、智能化的合约执行方式，不仅提高了交易的效率和安全性，还为数字时代的信任建设注入了新的活力。

数字信任，作为一种数字技术的社会信任形式，其根基在于区块链技术。这种信任源于人类对数字系统、信任算法和相关技术等的信赖，进而形成了一种超越数字身份界限的绝对信任。相较于基于制度的信任，数字信任摒弃了数字身份因素的限制，而是基于数字代码的稳定性和信息公开的特性，使人们对区块链系统产生了信任。这种信任不仅局限于系统本身，还进一步拓展到了对他人的信任感。简而言之，区块链技术是构建数字信任的基础，而基于区块链的信任则是实现数字信任的必要条件。

8.5 构建数字信任的指标体系

在数字金融中，需要构建数字信任的风险指标体系，明确数字金融中的数字信任风险指标，建立数字信任风险量化指标数据库，实现客户数字信任识别、数字金融实时处理的监控与管理。

数字信任的构建还需要对数字信任行为有明确的界定。人与人的信任行为包括因真而信、因情而信和因意而信等。数字信任除了需要具有这三个方面的规定性，还需要具有典型的技术特征和相应的社会特征。数字信任的关键问题是人如何对数据产生信任。从更为宏观的角度看，这也关系到人如何对技术产生信任这一问题。除了与技术知识本身有关的真实性问题之外，还与技术系统的可靠性与可解释性相关，更与社会-文化因素有关。

在数字金融的数字信任结构中，其数字信任结构中通常又可以分为底层信任和高层信任两层。底层信任主要是制度信任、数据信任、人际信任（直接信任、推荐信任）、技术信任（时间信任、算法信任）与系统信任（共享信任、人机信任）等，可根据交互频率、交互次数和评估者的可信度确定其权重系数，再根据不同的权重系数进行信任评估；高层信任主要由信任失真、信任一致性和信任可靠性等组成，高层处理需要根据底层计算的信任值进行确定。每个信任结构中，都有一个平衡的信任激励单元（BTI），用于与其他用户交互。多因素数字信任的信任结构如图8-1所示。

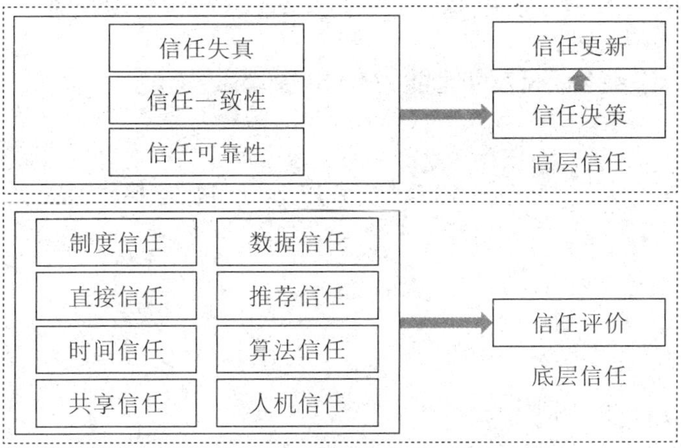

图 8-1　多因素数字信任的信任架构

在这些信任指标中，可通过实现系统和算法的可解释性来建立系统信任，通过增加数据活动的透明性来建立数据信任，通过弱化技术实体化理解来建立技术信任及通过消除技术恐惧来建立技术信任，等等。

智能计算系统是否透明、可解释性决定了人们对系统的信任。若想破解与技术系统有关的不信任问题，就需要构建透明的、可解释的系统，从而让技术人员对系统产生信任，这种信任与技术原理有关。

数字金融中的数字信任可以表示为加权图 H= {V，E，W}，其中 V 是用户集，E 是信任集，W 是权重集。每个数字信任 $e \in E$ 可以由一组 k 个用户之间的信任关系组成，可以用 $e = \{v_1, v_2, \cdots, v_k\}$ 表示，其用户的数字信任程度可以通过信任加权值 $\{w_1, w_2, \cdots, w_k\}$ 确定。在数字信任中，成对的关系不足以描述数字信任关系。加权图 H 很好地拟合了数字信任关系，并且每组用户协作建立自己的数字信任模型。因此，加权图可以量化数字信任，通过图形分析技术研究其特征。

8.6 构建数字信任的性能评价指标

数字信任，作为现代信息社会中的一个核心概念，涵盖了用户与数字金融、金融服务、金融数据间的信任关系。这种数字信任关系不仅仅是基于技术层面的安全保障，还涉及用户心理、行为习惯、法律法规等多个方面。因此，对数字信任的性能评价需要综合考虑多个维度和指标。

1）信任失真

信任失真（或信任偏离）是指信任评估过程中偏离综合信任值t_{av}的变化，即第i次信任评估的信任值T_i与综合信任值t_{av}的差别，

$$TD_i=\varepsilon\left(T_i-t_{av}\right) \tag{8-1}$$

这里，$\varepsilon\in[0,\ 1]$是权重系数。如果为正数，表明信任度增加，如果为负数，表明信任度减少。

2）信任一致性

如果信任评估者i与被信任评估者j完成了交互，它将向综合信任发送反馈。之后，综合信任计算i的信任一致性TC_{ij}值，TC_{ij}用于在［-1，1］范围内测量当前反馈f_{p1}和过去反馈f_{p2}之间关于j的相似度。其中1表示f_{p1}与f_{p2}相似，-1表示f_{p1}与f_{p2}不同。信任一致性可以由公式（8-11）计算。

$$TC_{ij}=\lambda\left(\frac{1}{s(i)}\exp^{-\frac{1}{s(i)}}\right) \tag{8-2}$$

这里，$\lambda\in[0,\ 1]$是权重系数，$s(i)=2\left(\frac{f_{p1}-f_{p2}}{\max\left(f_{p1},\ f_{p2}\right)}\right)^2-4\left|\frac{f_{p1}-f_{p2}}{\max\left(f_{p1},\ f_{p2}\right)}\right|+1$。

3）信任可靠性

当信任评估充分、无错误，并且满足信任要求时，即可实现信任可靠性。考虑到TD_i和TC_{ij}这两个信任因素，其信任可靠性可以由公式（8-12）计算。

$$TR_{ij}=\mu（1-TD_i）+TC_{ij} \tag{8-3}$$

这里，$\mu\in$［0，1］是权重系数，$\varepsilon+\lambda+\mu=1$，$TD_i$和$TR_{ij}$在0和1间取值，$TC_{ij}$在-1和1间取值。

4）信任更新

在信任更新过程中，为了防止未经授权修改信任评估，通常是由信任度管理用户或服务器进行认证和验证。验证完成后，接受的信任评估再封装到区块链中。

8.7 数字信任的问题与发展趋势

8.7.1 数字信任的问题

1）数字信任领域的法律法规建设仍有待加强和完善

虽然近年来我国在数字信任法治建设方面取得了一定的进展，并陆续推出了一系列相关法律法规，但现有的数字信任法律体系仍需进一步优化和改进。为了促进数字信任的快速发展与应用，必须深入研究并优化其顶层设计，明确我国在构建数字信任体系过程中遇到的关键问题和挑战。此外，还需要建立健全涉及身份认证、电子签名、网络安全、数据安全和隐私保护等关键领域的技术保障体系和法律法规体系，以确保数字信任在我国得到系统、全面以及有效的法律保障，提升数字信任的整体水平，并为数字经济的稳健发展提供坚实的技术保障、法律支撑作用。

2）数字信任的基础设施建设尚待完善，以实现全面的互联互通

尽管我国在政务系统的数字信任领域已经建设了数字证书认证系统、密钥管理系统等基础设施，但是面向公司和公众的数字信任基础设施仍需进一步完善。目前，政府各部门间数据共享机制尚未全面建成，数字身份系统也无法实现统一，导致政府部门、公司、社会组织以及个人之间的数字信任交互效率较低。此外，数字身份标识、实体识别认证以及相应的安全策略等也缺少统一架构，数字信任在数字交互关系的稳定性、准确性和便捷性方面面临着一定的挑战，需要构建更加高效、完善和安全的数字信任基础设施，为数字经济和社会的发展提供坚实的支撑。因此，我们需要加强数字信任基础设施的建设，推动数字身份的互联互通，以确保数字信任在各个领域得到广泛应用和有效实施。这将为数字经济的健康发展提供有力支撑，推动社会各界的数字化转型进程。

3）网络安全及数据隐私风险呈现出较为严峻的趋势

随着人工智能、区块链、量子计算及云计算、互联网等数字技术的广泛应用，其伴随的网络安全和隐私问题也愈发凸显。对于中国公司而言，数字化转型带来了创新风险，需要在推动数字化转型的同时，加强对网络安全和数据隐私的保护。此外，在互联设备领域，商业成功的关键在于与消费者建立数字信任，这需要公司积极采取措施，保障消费者的数字身份和隐私安全，从而赢得消费者的信任和支持。

4）数据治理与平台创新难以平衡

在数据治理与平台创新之间寻求平衡是一项艰巨的任务。大数据的运用确实为经济社会发展注入了创新活力，但同时也引发了隐

私保护与业态创新之间的矛盾。消费者希望获得个性化的体验，但同时又担心个人数据的安全问题。而公司则面临着如何在不损害用户隐私的前提下，充分利用用户信息以提供更优质服务的挑战。这种困境限制了公司的竞争力，使得他们需要在保护用户隐私与推动创新之间找到恰当的平衡点。

5）技术信任与制度信任之间的关系需要得到妥善协调与全面统筹

尽管技术信任展现出了独特优势，但仍需要它与制度信任互为补充、相互融合。以区块链技术为例，该技术虽然能够确保链上数据的真实可信，但在数据上链之前，仍然需要依靠制度信任来保障数据的准确性。当前，技术信任、制度信任在不断进步和完善，但目前尚未形成相互促进、相互增强的良性效应。

8.7.2 数字信任的发展趋势

借助数字技术的持续发展和创新应用，可以构建一套全面的数字信任体系，该体系主要依赖于先进的技术手段、稳健的可信服务体系以及周密的监管措施。技术手段涵盖了密码技术和网络安全技术，它们为数字信息的完整性、保密性及可用性提供了坚实的基础。管理方面，则需要强调产品/服务的事前检测认证、事中持续监测以及事后追责判责等手段，确保数字信任体系的全面性和有效性。展望未来，数字信任体系的主要发展趋势包括：

1）基础设施

信任的基础设施将经历从外置向内生适配的转变，以适应人工智能、区块链、云计算和互联网等新技术的发展需求。这种内生信任基础设施将成为新的发展方向，它自身就可以作为一种可信服务提供给用户。这意味着，未来的信任基础设施将更紧密地集成于各类数字技术平台中，为用户提供更为便捷、高效和安全的数字信任服务。

2）身份可信

身份可信性的概念正在经历一个转变，从原先静态、单一边界的信任模式逐渐转变为技术多元化、动态化的数字信任模式。如今，身份的可信性不再仅仅依赖于传统的内网边界，而是更多地依赖于动态的身份认证和授权机制。这种机制能够根据网络威胁状态和业务资源价值进行实时的评估和调整，从而确保身份的可信性始终保持在一个较高的水平。这种转变意味着，需要不断地更新和完善身份认证和授权技术，以适应不断变化的网络环境和业务需求，确保身份的可信性始终得到保障。

3）数据可信

数据可信性的概念正在经历一个拓展过程，从原先仅仅关注数据的安全传输和存储，逐步拓展到数据使用过程的安全可信。通过计算机系统中内生的密码能力，我们可以构建出相互隔离的机密计算空间，确保数据在计算过程中的安全性。此外，同态密码和安全多方计算技术将成为外包计算场景下保护用户数据隐私的有力武器，为数据的可信使用提供更为坚实的保障。这种拓展意味着，需要不断提升数据保护技术，确保数据在传输、存储、计算和使用过程中都能得到充分的保护，从而实现数据可信性的全面提升。

4）行为可信

行为可信性的确保需要依赖于多种技术机制的支撑，这些机制能够确保行为的可追溯性。电子签名、区块链以及人工智能和机器学习等先进技术机制，将成为保障行为可信和可追溯的重要依据。

通过数字技术的运用，可以对行为进行有效的记录和验证，确保行为的真实性和可信度，从而增强行为的可信性。这种综合性的数字技术保障措施，将为行为可信性的提升提供有力支持。

8.7.3 数字信任体系的挑战

1）跨域互信挑战

跨域互信所面临的挑战日益凸显，这主要源于互联网实体和信任关系的指数级、规模化增长。这种增长趋势使得各类主体之间的跨域互信变得愈发困难，因为它们需要处理更为复杂和庞大的信任网络。在这样的背景下，跨域互信的实现需要更为先进的技术和策略来支撑，以确保各类主体之间的信任关系能够得到有效的建立和维护。

2）信任度评估挑战

信任度评估面临着诸多挑战，尤其是在充满不确定性的网络空间中。为了有效应对这些挑战，需要对行为体进行持续化、动态化、细粒度的可信衡量和监管。这意味着需要不断地收集和分析行为体的相关数据，评估其信任度，并采取相应的监管措施。只有这样，才能确保网络空间的可信性和安全性。

8.8 本章小结

数字信任的核心价值在于，它能够在信任缺失或薄弱的环境中快速构建可靠的桥梁，从而大幅缩减建立和维系信任所需的时间与经济成本。这一独特能力有效地强化了特定范围内的商业信用。同时，在广阔且高速的网络环境中，数字信任提供了即时、本地的认证手段，显著提升了互联网的运作效率和可靠性。其主要优势体现在高效、低成本且具备普惠性。通过算法的运用，数字信任有望在大范围内替代传统的信任模式，实现信任范围的扩大、信任方式的转变以及信任成本的降低。具体而言，小范围的信任得以扩展至更广泛的领域，间接信任可能转化为直接信任，无须中介介入。原本高成本的信任过程得以简化，降低为更为经济的模式，甚至能够从无信任状态转变为可信赖状态。这些转变充分展现了数字信任在推动信任体系发展中的巨大潜力和实用价值。

1）从人格信任迈向技术信任：可信度提升与风险降低

传统的人际信任主要依赖于对人性的信赖，涉及对他人能力和诚实度的信任。随着区块链技术的快速发展与应用，数字信任的创新应用也得到了快速发展。具体而言，区块链技术成为了被信任的对象，而个人或组织则扮演着信任方的角色。这种转变重塑了传统的人际信任，将其转化为人与技术之间的信任。技术成为信任的基础，提高了信任程度、降低了风险发生的概率，有助于信任各方形成较好的信任倾向。因此，从人格信任到技术信任的转变不仅代表了信任方式的创新，更象征着风险性的降低和可信度的提升。

2）从认知信任迈向共识信任：构建可信平台与促进数据共享

信任的产生根源于被信任者内在的、客观上的可信度。认知信任则是基于信任者对外界信息的接收和处理过程而形成的主观判断。随着共识信任的建立，信任主体间的信任程度得到了进一步提升，从而确保了信任关系的稳定性和可持续性。在这个过程中，区块链技术为用户提供了数据共享和构建可信赖的信誉平台的功能。这个平台促进了主体之间的信息开发和分享，促进了共识信任的建立。此外，区块链技术作为信任关系的基础，从客观上保障了数字信任的构建。区块链技术的创新应用，提高了信任关系的效率和可靠性，同时为数字经济和社会的发展奠定了坚实的基础。

因此，从认知信任到共识信任的转变，不仅体现了信任层次的深化，也代表了可信平台的建立和数据共享的实现。这一过程为数字信任的构建奠定了坚实基础，推动了信任关系的不断发展和完善。

9

金融科技网络的数据分组传输质量研究

网络编码（NC）是一种在网络上对数据分组进行编码和传输的信息传输技术。NC应用于金融科技网络，可以有效提高金融科技网络的数据传输质量和吞吐量。数据分组编码和解码的复杂性是金融科技网络应用中的一个重要问题。三次置换多项式（CPP）可以更好地优化参与NC的数据分组，降低数据分组编码/解码的计算复杂度，提高金融科技网络的数据分组传输带宽和数据吞吐量。本章提出了一种基于三次置换多项式的金融科技网络滑动窗口算法（CPP-SWNC）。本章首先讨论了CPP与滑动窗口的融合理论，其次论证了滑动窗口尺寸优化的理论，最后从数学理论的角度进行了分析。

9.1 网络编码的构造

由于金融终端设备的广泛使用，金融数据流量显著增加。这些广泛的应用要求金融科技网络具有更高的速率和更高的质量。在金融科技网络中，金融基础设施的缺乏导致网络拓扑的频繁丢失。此外，金融科技网络需要强大的网络连接和高质量的数据传输。近年来，相关研究表明，网络编码（NC）算法在金融科技网络数据传输领域得到了很好的应用。NC算法扩展了金融科技网络无线链路的带宽，提高了数据分组的传输质量。NC被认为是提高金融科技网络数据吞吐量、无线链路带宽和数据分组传输质量的最有价值的理论。然而，在金融科技网络中应用NC必须应对许多挑战（Ylmaz et al.，2022；Sathishkumar et al.，2022；Dermany，Arani，and Doostali，2019；Mohammadi，Pahlevani，and Lucani，2021）。

在网络中，NC为提高网络的数据吞吐量、无线链路带宽、分组丢失率等作出了很好的贡献。在NC编码算法中，如果终端节点有一组需要传输的数据分组，则可以根据NC中的编码操作将数据分组重新组合成新的数据分组，然后新的数据分组将被发送到目的地节点。Ylmaz等（2022）提出了一种用于网络应用中上行链路传输的用户集选择算法，以提高基于非正交多址的多输入多输出系统的总数据速率并降低延迟，从而满足未来网络应用的要求。Sathishkumar等（2022）提出了约束网络编码技术，并设计了一种干扰和吞吐量感知的优化多播路由协议（IT-OMRP），以解决网络数据传输中的节点能耗和信道干扰问题。该协议最大限度地降低了节点功耗，实现了更低的节点功耗，可以实现安全可靠的数据传输。Dermany等（2019）建立了无线节点数据分组传输能耗和节点算力的数学模型，提出了一种基于多播无线节点的NC寻优生存期拓扑优化算法，可以更好地利用无线网络。随机线性网络编码（RLNC）是一种用于提高无线链路的数据分组传输质量和数据吞吐量的网络编码技术。Mohammadi等（2021）设计了一种基于随机编码方法、确定性随机编码方法和其他构建方法的网络编码方案，以解决分组的编码、解码延迟和传输过程中的质量问题。

在Galois有限域GF（2^q）上定义NC，可以确保节点接收具有快速解码能力的分组。NC的基本原理可以通过图9-1中的著名例子来说明，其中节点x通过节点R将数据分组a发送到节点y，节点y也通过节点R向节点x发送数据分组b。这样，中间节点R可以对数据分组a和数据分组b执行XOR以生成新的数据分组$a \oplus b$，然后节点R将b发送到节点x和节点y，节点x对接收到的数据分组a、b和数据分组a进行异或运算，对数据分组b进行解码。

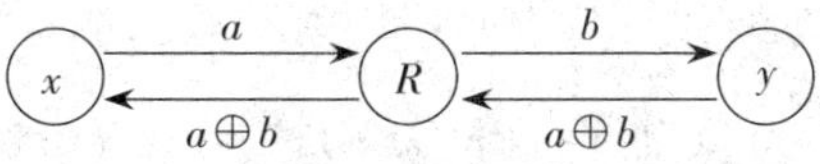

图 9-1 网络编码机制

在网络中，NC在高有限域上的性能已被证明比二进制代码更稳定。在金融科技网络的最新研究文献中，提出了许多NC算法的应用。Zeng等（2023）考虑到网络中最新流量数据这一更重要的问题，综合研究了一种将滑动窗口与网络图相结合的方案。Li等（2022）针对多播网络中传输效率低、反馈开销大的问题，提出了一种基于滑动编码窗口的无人机网络随机网络编码方案。该方案将原始数据包发送到滑动编码窗口，然后使用随机网络编码进行编码和传输。目的节点即使没有接收到完整的编码分组，也可以对原始分组进行解码，这有效地提高了分组的传输性能。

YLmaz等（2022）提出了一种用于大规模网络上行链路传输的用户集选择算法，该算法提高了网络的数据传输速率，减少了延迟，以满足未来网络应用的要求。Ding等（2022）研究了卫星网络（S-IoT）作为地面用户设备的状态信息和状态更新，提出了一种具有信息时效性测量的年龄最优NC混合自动重传请求方案，即信息年龄，以实现S-IoT中的及时状态更新。为了更好地解决网络中一些节点的快速移动性和网络拓扑的动态变化问题，Lee等（2023）转发了基于链路状态和网络拓扑结构的延迟路由信息，并提出了一种从严格的端到端延迟边界导出的紧密延迟函数用于延迟信息控制，以解决网络编码感知延迟存储和转发的问题，有效地提供最大限度的双向传输。

最近的研究表明，排列多项式（PP）、二次排列多项式（QPP）和三次排列多项式具有线性代数理论完备、编码能力高、存储空间小的特点，已成为编码器创新应用的焦点。它们在误码率（BER）和误帧率（FER）方面也具有良好的性能。Nieminen（2017）提出了网络的二次置换多项式，该多项式被用于存储空间和分组解码器处理单元之间的互联网络，并支持多种分布式处理算法，以实现无冲突和灵活的NC。Guan和Liang（2015）应用了抖动相对素理论交织器和二次排列多项式（QPP）将QPP编码器等效于ARP交织器的条件推广到三次置换多项式（CPP）交织器。

Trifina和Tarniceriu（2017）研究了ARP编码器和QPP编码器的理论和特性，提出了将ARP和QPP扩展到CPP编码器时应满足的条件。实验结果表明，CPP编码器总是等效于具有多个无序度和小于编码器长度的ARP编码器。Lucian等（2017）讨论并分析了线性置换多项式（LPP）算法和QPP算法的特点，证明了LPP和QPP有利于优化数据包的数量；根据中国余数定理，确定了QPP多项式和CPP多项式存在的充要条件，以及优化QPP系数和CPP系数的条件。该方案具有较低的编解码复杂度、较好的编码性能和较低的误码率。He等（2019）研究了移动网络中移动边缘计算（MEC）智能缓存与NC的协同机制，构建了无线移动节点的NC算法和协同机制，可将从核心网提取的实时通信数据和MEC文件同时传输到边缘服务器进行处理；当考虑编码的复杂性来确定编码中涉及的分组数量时，将CPP分解为小代数的幂置换可以减少对滑动窗口的需要。Petrides（2023）将CPP分解为多个满足特定性质的3度PP，从而实现最短的分解列表。

9.2 三次置换多项式

9.2.1 置换多项式

设 Z_N（$N\geqslant 2$）表示具有 N 个元素的自然数集。系数为 Z_N 的多项式函数（mod N）称为置换多项式（PP）函数，如果它与多项式代数映射（p（x）：$x\rightarrow p$（x）从 Z_N 到它自己），这个函数也可以称为 PP。Z_N 上的 PP 在数据传输技术、NC理论和组合代数设计理论中有着重要的应用。

一个 k 次置换多项式 p（x）可以定义为：

$$p(x) = a_k x^k + \ldots + a_1 x + a_0 \pmod N\ (\forall x \in Z_N) \tag{9-1}$$

这里，a_i（$a_i\in Z_N$，i=1，2，…，k）是整系数，p（x）称为 Z_N 上的置换多项式。

定理1：一个多项式 $p(x) = a_k x^k + \ldots + a_1 x + a_0$（mod N）是 Z_N 上的置换多项式，当且仅当 p（x）满足下面两个条件：

（1）对任何整数 N，函数 $p(x) = a_k x^k + \ldots + a_1 x + a_0$（mod N）是一个多项式。

（2）对一个最大的自然数 n，满足 $p^n|N$。

定理2：对于给定的 k 次置换多项式 $p(x) = a_k x^k + \ldots + a_1 x + a_0$，$a_i$（$a_i\in Z_N$，$i$=1，2，…，$k$）是整数，$p$（$x$）是置换多项式（$N=2^n$），当且仅当（1）$a_0$ 是奇数，（2）$a_1+a_3+a_5+\cdots$ 是偶数，（3）$a_2+a_4+a_6+\cdots$ 是偶数。

定理3：一个素数集 P=｛2，3，5，7，11，…｝，任意自然数 N 的素数可以表示为：

$$N=\prod_{p_i\in P} p_i^{n_{N,i}} \tag{9-2}$$

其中，p_i是不同的素数，函数$p(x)$是模N的PP函数，当且仅当函数$p(x)$也是PP函数。例如$N=112=2^4 7^1$。

对于PP函数$p(x)$，当$k=2$时，$p(x)$被称为QPP；而当$k=3$时，$p(x)$被称为CPP，其也可以表示为$p(x)=a_3x^3+a_2x^2+a_1x+a_0$（$a_3$，$a_2$，$a_1$，$a_0 \in Z_N$）。由于系数$a_0$仅在编码中起移位作用，不影响编码/解码的性能，因此通常通过使$a_0=0$来省略系数a_0。二次多项式函数$p(x)$，由函数$p(x)=a_3x^3+a_2x^2+a_1x \pmod N$定义，其中$a_3$、$a_2$、$a_1$是正整数系数。

显然，四个整数a_3、a_2、a_1和N（a_3、a_2、a_1、$N \in Z_N$）必须满足一组特定的整数Z_N要求。如果函数$p(x)$是Z_N上的PP函数，那么四个整数a_3、a_2、a_1和N必须满足一定的条件，并且每个整数都可以表示为素数幂的乘积。整数的素数分解总是大于素数1（即2，3，5，7，…），并且只有有限的整数可以参与素数分解。两个正整数c和d的最大公约数可以用$gcd(c,d)$表示。

定理4：当且仅当Z_N上的PP函数$p(x)=a_3x^3+a_2x^2+a_1x \pmod N$为$CPP$时，$p(x)$满足：

$$N=2^{n_{N,1}}\cdot 3^{n_{N,2}}\cdot \prod_{i=3}^{Q(N)} p_i^{n_{N,i}} \tag{9-3}$$

其中$Q(N)$是大于或等于2的自然数，p_i是不同的质整数。在公式（9-3）中，如果N的因子中没有素数2或3，则相应的$n_{N,1}=0$或$n_{N,2}=0$。对于$Q(N)\geqslant 3$，其余素数幂大于0，对于$i=3$，…，$Q(N)$，$n_{N,i}\geqslant 1$。

表9-1为金融科技网络的扩展搜索结果。对于滑动窗口大小为48、64、72、96和112的窗口，可以获得不同的CPP多项式。

表9-1　　　　　　　**金融科技网络的扩展搜索结果**

N	$p(x)$	D	$Num.$
48	$12x^3+6x^2+5x$	6	24
64	$48x^3+24x^2+5x$	8	8
72	$4x^3+7x$	8	12
96	$56x^3+12x^2+9x$	12	8
112	$28x^3+41x$	14	12
⋮	⋮	⋮	⋮

9.2.2　光滑函数

定理5：设非光滑函数$f(t):=Z_N\to Z_N$，Z_N是一个自然数集。它调用光滑函数$f(u, t)$，$u>0$作为光滑逼近函数$f(t)$，如果$\forall t\in Z_N$，$\exists k>0$，使得

$$|f(u, t)-f(t)|\leqslant ku, \quad \forall u>0 \tag{9-4}$$

如果k与t无关，则$f(u, t)$称为$f(t)$的一致光滑近似函数。

Algorithm 9-1：SW mechanism and NC algorithm

Input：Data stream $X=(x_0, x_1, \cdots, x_{N-1})$ and the encoding vector $(c_0, c_1, \cdots, c_{N-1})$, SW of size W.

Output：coding block $(c_0, c_1, \cdots, c_k)$

1. Initial value $i=1$, $u=1$, and $n=N/w$

2. for each value $k\in P$ do

3. if $u<n$ then

4. Determine the size of the SW and the packet into the SW

5. The packet in the SW is network coding to generate a new packet x_i

6. Transmit data packet p_i

7. $u \leftarrow u+1$, $i \leftarrow i+1$

8. else

9. Transmit data packet $c_i = \sum_{k=1}^{i} \alpha_{i,k} x_k$

10. $u \leftarrow 1$

9.3 网络编码的复杂性分析

给定图 $G=(E, V)$，我们定义了一个滑动窗口 SW_i。在 SW_i 中，我们有 $SW_i = (x_{i0}, x_{i1}, \cdots, x_{i,N-1})$，编码向量 $(c_0, c_1, \cdots, c_{N-1})$。NC的编码/解码过程是在Galois有限域 $GF(2^q)$ 中随机选择的编码矢量系数的线性组合。

滑动窗口（SW）被定义为分组 $X=x_{i0}, x_{i1}, \cdots, x_{i,N-1}$ 的序列。设 $X=x_{i0}, x_{i1}, \cdots, x_{i,N-1}$ 表示与源节点相关联的源数据分组。线性网络编码允许对来自中间节点的数据分组进行编码/解码。每个数据包包括源数据分组的编码向量、线性组合和其他相关信息。

金融科技网络节点使用编码向量对数据分组进行编码和解码。代码是递归执行的，以获得编码的分组。保持金融科技网络节点已被接收并存储分组队列集合 (a_1, X_1)，(a_2, X_2)，$\cdots$，(a_m, X_m)，其中 X_i 表示数据信息，a_i 是数据分组的附加编码向量。该节点选择一组系数 $e_i = (e_{i0}, e_{i1}, \cdots, e_{im})$，并计算线性代数组合 $X' = \sum_{j=1}^{m} e_j X_i$ 以生成新的数据编码分组 (a', X')。同源分组编码向量 a' 并不简单地等于 e，因为编码系数与原始数据分组 $X= x_{i0}, x_{i1}, \cdots, x_{i,N-1}$ 相关；

通过比较，它是由给出的$a_i' = \sum_{j=1}^{N-1} e_{ij}a_j$。这种线性组合操作可以在金融科技网络中的多个节点上重复。

在CPP-SWNC算法中，初始化SW需要O（N）处理时间，而搜索SW需要O（e）搜索时间。因此，为每个$t\in T$构建SW需要O（eTN）时间。在O（T^2N）时间中，全局网络编码向量可以是SW，类似于CPP-SWNC中的确定性实现。组合所有数据包，CPP-SWNC算法的总计算时间为O（eT^2N），与NC算法相同。

9.4 仿真实验分析

9.4.1 仿真实验环境设置

为了确保仿真实验研究的可靠性和真实性，本实验使用随机生成的网络拓扑结构来构建互联网拓扑结构，并利用仿真实验的性能CPP-SWNC算法来确保网络仿真实验结果适用于互联网的其他拓扑结构。金融科技网络的范围可以设置为1 000米×1 000米的区域，100个金融科技网络节点随机分布在互联网中，节点的传输半径设置为250米。为了考虑金融科技网络中某些节点的运动特性，移动节点的比例设置为20%，每个金融科技网络节点的速度范围为0米/秒至5米/秒。节点运动模型遵循随机参考点运动模型。其他仿真实验参数见表9-2。

表9-2 **仿真实验参数**

Name	Parameters
Network range	1 000 m×1 000 m

续表

Name	Parameters
Number of IoT nodes	100
Transmission radius of the node	250 m
Node movement speed	0–5 m/s
Simulation time	600 seconds
Packet transmission model	Constant bit rate （CBR）
Beacon period	100 ms
Bandwidth of link	5–10 Mbps
Packet size	512 bytes/packet
Mobility model	Reference point group
Sliding encoding window size	14
Examined routing protocol	IT-OMRP ，S-IoT

9.4.2 仿真实验分析

图9-2比较分析了CPP-SWNC算法与IT-OMRP算法和S-IoT算法在无线节点的平均网络吞吐量由慢到快的移动速度。从图9-2所示的仿真实验数据可以看出，当金融科技网络节点的移动速度逐渐由慢变快时，金融科技网络的网络吞吐量逐渐降低。仿真实验数据分析表明，CPP-SWNC算法的平均网络吞吐量具有一定的优势，其性能高于IT-OMRP算法和S-IoT算法。这是因为：首先，滑动窗口编码机制最大化了NC中涉及的组的数量；其次，CPP改进了滑动窗口的分组优化。因此，使用CPP-SWNC算法可以提高SW中分组编

码的效率。

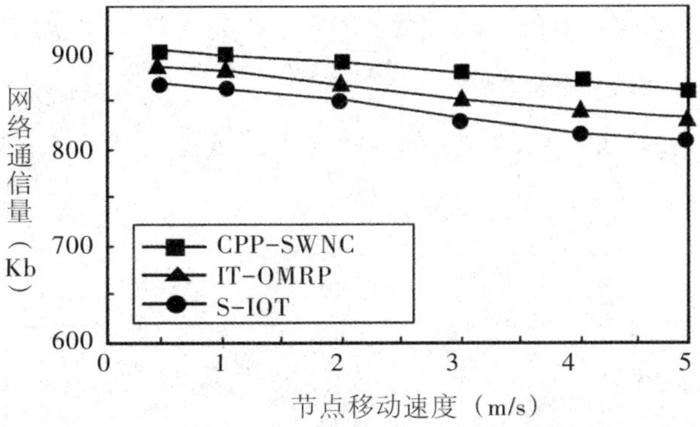

图9-2　网络通信量与节点移动速度的性能比较

数据分组编码开销：它表示源节点对金融科技网络的数据分组进行编码所需的时间和计算资源的总和。实验测试和分析了CPP-SWNC算法、IT-OMRP算法和S-IOT算法在金融科技网络节点移动速度变化的情况下的性能。数据分组编码开销随着金融科技网络节点移动速度的加快而增加。图9-3显示了CPP-SWNC算法、IT-OMRP算法和S-IOT算法的编码开销，其中CPP-SWNC方法降低了最佳分组编码开销。这是因为CPP-SWNC算法采用CPP机制来优化SW的大小和SW中的数据包数量，从而降低了NC的开销。

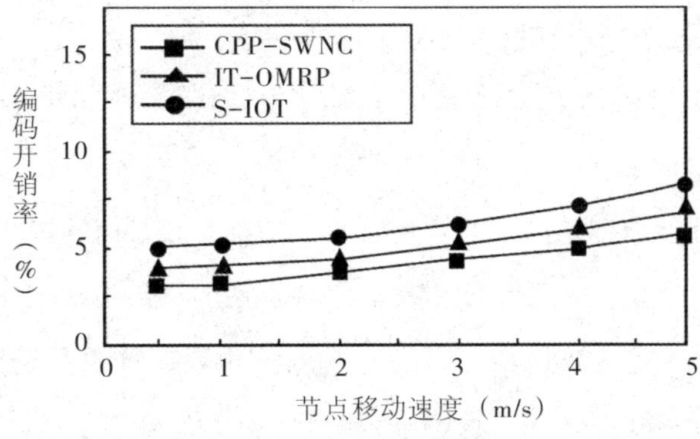

图9-3　网络通信量与节点移动速度的性能比较

金融科技网络中不同移动节点在移动速度变化情况下，CPP-SWNC算法与IT-OMRP算法和S-IOT算法的平均分组解码延迟比较见图9-4。可以看到，CPP-SWNC算法的平均分组解码延迟低于IT-OMRP算法和S-IOT算法。这是因为CPP-SWNC算法采用了CPP-SW方法，使解码的数据包数量达到最优值，因此平均解码延迟也可以达到最优值。

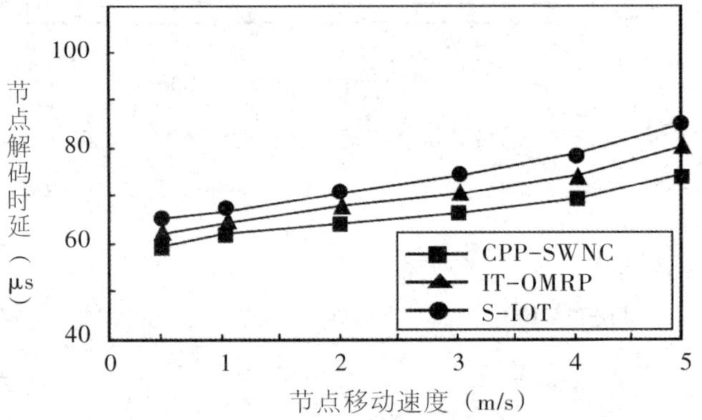

图9-4　网络节点解码时延与节点移动速度的性能比较

图9-5比较分析了当金融科技网络节点数量增加时，CPP-SWNC算法、IT-OMRP算法和S-IoT算法的平均金融科技网络数据吞吐量。根据图9-5所示的仿真实验数据，当金融科技网络节点数量增加时，网络的数据吞吐量也相应增加。仿真结果表明，CPP-SWNC算法的平均网络数据吞吐量高于IT-OMRP算法和S-IOT算法，具有良好的性能。

当金融科技网络的节点数量从较少增加到较多时，分组编码和解锁的性能比较也是一个重要指标。三种算法的分组编码成本比较如图9-6所示。当节点数量增加时，网络传输的数据分组数量也在增加，并且编码成本随着金融科技网络传输数据分组的增加而增加。可以看到，CPP-SWNC算法的分组编码成本最低，性能最好。

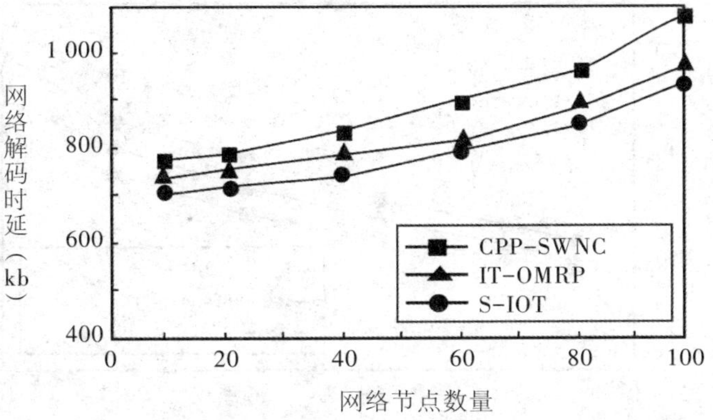

图 9-5　三种算法的平均金融科技网络数据吞吐量比较

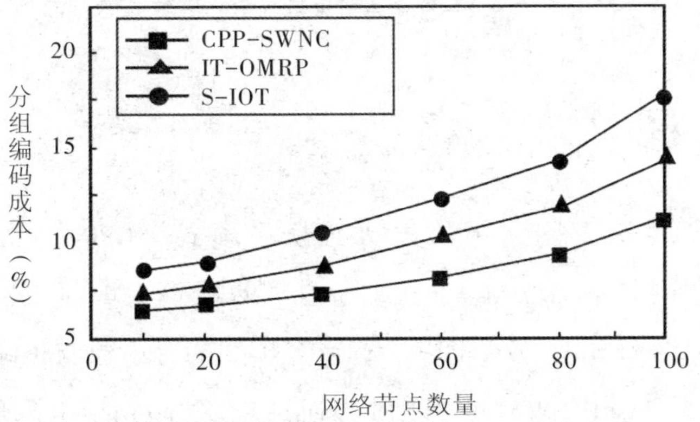

图 9-6　三种算法的分组编码成本比较

平均分组解码延迟可以更好地评估CPP-SWNC算法的性能。在金融科技网络中，当节点数量从少数缓慢增加到多个时，对接收到的编码分组进行解码实验。三种算法的仿真实验分析结果如图9-7所示。该结果表明，CPP-SWNC算法具有最低的分组解码延迟，并显示出良好的解码性能。这是因为CPP-SWNC算法使用CPP机制来优化SW窗口中的数据分组数量，从而提高分组解码性能。实验还表明，CPP-SWNC算法可以提高节点的分组解码效率。

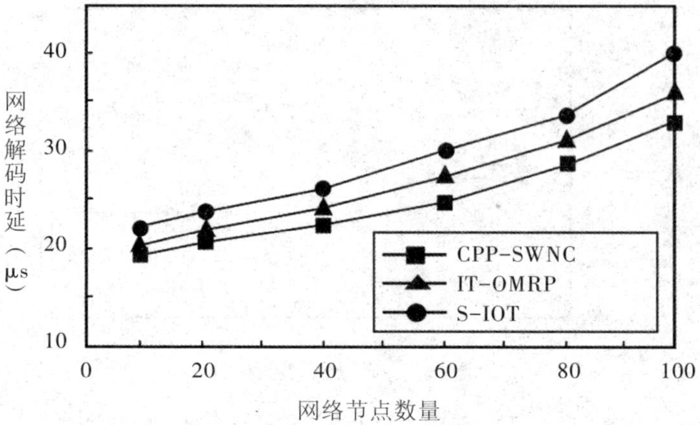

图 9-7　三种算法的仿真实验分析结果

9.5　本章小结

本章讨论了网络中的三次置换多项式（CPP）、滑动窗口（SW）和网络编码（NC）。这些算法可以提高金融科技网络的性能。本章设计了一种基于三次置换多项式的金融科技网络滑动窗数控算法（CPP-SWNC）。随后，通过理论分析证明了所提出的CPP-SWNC算法在编解码计算复杂度方面的改进性能。仿真结果验证了CPP-SWNC算法中NC和CPP的收敛性。该算法在提高网络吞吐量、平均分组编码开销和平均分组解码延迟等方面表现出良好的性能。仿真结果表明，CPP-SWNC算法产生了更高的网络数据吞吐量，降低了平均分组编码负担，并降低了平均分组解码延迟。

10

政策建议

区块链技术作为金融科技最重要的底层技术，其信任机制是金融科技产业增长的关键驱动力。金融机构、金融监管机构、金融科技公司、互联网企业与传统金融机构等相互协作推进创新，金融科技产业已经形成具有追加价值关系的立体层次结构。

本章针对金融科技和数字金融中的信任相关问题给出了相关政策建议，具体包括：一是金融科技创新发展的建议；二是加快构建数字信任体系的建议；三是促进数字信任机制建设的建议。

10.1 金融科技创新发展的建议

在“十四五”规划期间，推进数字化发展已成为国家的核心战略之一。构建金融科技和数字金融的高质量体系，不仅是金融网络安全体系建设的核心环节，也是数字经济和数字社会不可或缺的重要组成部分。

1）强化国际交流与合作，推动AIGC技术的创新与实际应用

大型模型技术在金融领域的创新和运用，不仅能够显著提高金融机构在智能客服、智慧办公、运营管理、智能研发等业务领域的智能化程度，更能切实解决一线员工在实际工作中的难题。

2）加速量子技术等前沿底层技术的创新应用，以便在金融科技和数字金融领域取得领先地位

数据的存储、计算、传输是金融科技的基础，同时也是未来数字经济发展的关键基石。随着数字中国建设的不断推进，经济和社会的数字化转型正在加速，对数据存储和计算能力的需求也在不断提升。传统的计算能力已经难以满足日益庞大的数据计算和分析需求，特别是在金融行业。算力的不足已经对智能风控、智能营销等

人工智能技术的应用造成了严重的影响，阻碍了银行业数字化转型的进程。因此，加快量子技术等前沿技术的研发和应用，对于推动金融科技发展和数字化转型至关重要。

3）进一步优化消费者保护制度，并强化金融科技伦理的建设

应以保护消费者的权益作为监管的核心，确保金融消费者的合法权益得到切实保障。为实现上述目标，我们需从两大方面入手。首先，针对处罚力度不足、违法成本过低的问题，需要强化金融科技监管，同时加大惩处力度，确保制度得到有效执行。其次，加快金融科技伦理建设的步伐至关重要。这要求研发人员、金融从业者以及信息科技服务机构共同提高对金融科技伦理的认识和重视程度，携手构建一个多方共治的金融科技伦理体系。通过这两方面的努力，将能够为金融科技行业的健康发展提供有力保障。

4）建立健全金融科技安全数字服务体系

当前我国的金融科技、监管科技的创新成果与应用处于国际领先水平，但金融科技安全数字服务体系不匹配、金融数字安全监管手段滞后等问题依然存在，尤其在金融科技安全数字应用方面仍有不足。因此，需要加强人工智能（Artificial Intelligence）、区块链（Blockchain）、云计算（Cloud Computing）、数据科学（Data Science）和信息安全（Information Security）（简称：ABCDI）等新技术与金融数字化的融合，设计并建立高效、动态、完善的金融科技安全数字服务体系。

5）加强金融科技、监管科技顶层设计，建立完善统一的金融数字化框架体系

第一，应加强金融科技、监管科技的统筹规划，把握金融科技、监管科技产业前沿动向，优化金融数字化管理体制，以ABCDI

新技术的顶层规划保障我国金融数字化创新能力的提升。第二，应加强金融数字化立法建设，将金融数字化等重要问题纳入法律框架，厘定金融科技、监管科技等机构的分工职责，明确金融科技机构、公司等的主体权利义务，制定科学的金融数字化行为规范。第三，应完善现有金融数字化规则，建立跨地区、跨行业的统一金融数字化框架与协调机制，减少监管重叠，规避监管真空，提升监管效能，加强ABCDI新技术在金融行业管理实践中的应用，以ABCDI新技术赋能金融数字化，实现我国金融数字化繁荣发展。

6）建立金融科技信任评级系统

金融科技信任评级系统应包括对用户准入的监管、平台运营过程的监管以及运营结束后的监管。准入监管的主要内容是审核用户信任、用户的资格等。平台运营过程的监管内容，包括实时更新信任值及信任评价，确保用户的信任度。同时，平台还应建立透明度高的惩罚制度，和政府相关部门联合，把平台的信任数据库对接到政府的个人信用数据库，将失信交易者的信息记录到其个人信用数据库中。金融科技信任评价系统还应与专业的信用服务公司达成合作，让其根据用户交易后的评价反馈，为平台上的用户进行信用评级。

10.2 加快构建数字信任体系的建议

数字信任体系的构建需要从多个维度建立其信任关系，主要包括制度信任、数据信任、人际信任、技术信任和系统信任等。我们的最终目标应该是构建一个全面、高效且涵盖身份、合约、数据、产权、法人以及技术六个关键领域的“可信”数智化信任运营体系。这一体系将确保在数字化环境中各参与方的身份和数据得到充分验证和保护，为数字信任机制提供坚实的支撑。通过这一体系，我们将推动数字信任在各个领域的应用和实施，为数字经济的健康发展提供有力保障。

1）在构建数字信任体系的过程中，必须坚守以人为本的原则

根据我国数字信任体系的顶层设计，应该坚持以人民为中心的发展理念，聚焦于如何减少数字鸿沟、妥善保护个人信息、有效防范网络风险等。同时，需要妥善平衡数字信任内各信任间的关系，确保数字信任体系的建设能够切实提升金融科技和数字金融的高质量发展，增强人民的获得感；需要构建一个更加公正、安全、便捷的数字信任体系，为人民群众提供更加优质的服务和保障。这些应成为我们构建数字信任体系的根本出发点和最终落脚点。

2）构建数字信任体系需实现技术与制度的良性互动

在构建数字信任体系过程中，应确保制度信任与人际信任并行不悖，实现技术与制度的良性互动和相辅相成。一方面，正式制度如法律法规应与非正式制度如社会习俗等相融合，共同为信任建设贡献力量。另一方面，数字技术应被用来增强传统信任，而制度信任则应为数字信任提供坚实的支撑。应通过这样的综合作用，打造一个和谐、健康的数字社会信任环境。制度应保持适度弹性，既积极包容技术创新，同时又要坚守伦理底线，不能被技术创新所绑架。

3）为了建立数字身份的有效互联互通和互认机制，需要构建一套完善的基础设施

普及数字身份是数字信任体系建设的基石，本书提议加速推进国家级数字身份互联互通互认平台的建设。在此过程中，应确立和

完善相关制度，确保信息系统之间的顺畅互通、身份的统一认证以及“一网通办”等服务的实现。这些措施将有效消除信息孤岛现象，降低交易成本，为数字信任体系的全面推广和应用奠定坚实基础。

4）为了增强数字信任体系的完整性和可靠性，需要对相关法律法规、标准等作进一步的完善和优化

对于数字信任技术，如人工智能、区块链和量子计算等，需要完善其应用的标准规范和实施指南，确保这些技术在数字信任体系中得到合规、有效的创新应用。这些措施将为数字信任体系的发展提供坚实的法律和技术支撑，进一步推动数字经济和社会的健康、稳定发展。

此外，为了与国际接轨并促进数字经济的创新发展，需要构建一个全面、科学的数字信任法律法规体系；需要加强对知识产权、数据获取、数据使用、算法等行为的监管力度，确保数字信任体系在规范、健康的环境中发展。这些措施将有助于提高数字信任体系的整体效能，为数字经济的可持续发展提供坚实保障。

5）应当聚焦于数字信任核心技术的创新与应用

大数据挖掘技术为信用评价提供了强大的支持，而区块链则通过加密算法、解密算法和时间戳等先进的数学方法，构建了一种创新的信任机制。为此，政府需要进一步加大对数字信任核心技术原始创新的支持力度，为拓展更多应用场景提供必要的条件，以推动数字信任体系在产业互联网中的广泛应用与发展。这将有助于构建更加可靠、高效和安全的数字信任体系，为数字经济的发展提供坚实的支撑。

6）在构建数字信任体系的过程中，平衡隐私保护与鼓励业态创新之间的关系至关重要

为了建立信任并推动创新，政府和市场需要携手合作，共同承担责任。在数字化转型和网络安全应对方面，双方应加强沟通与合作，遵循统一的网络安全标准，并共同打击网络犯罪行为。通过深入理解数据对市场创新的作用，可以共同推动数据的开放、保护、共享和合理使用。这要求我们在确保个人隐私得到充分保护的同时，也要为业态创新提供足够的空间和支持，以激发市场活力和创造力。总之，平衡隐私保护与鼓励业态创新的关系是数字信任体系建设的核心任务之一。政府和市场应共同努力，通过合作与创新，推动数字信任体系的健康发展。

7）为了促进国际合作并构建创新的数字治理和数字信任体系，需要认清数字信任问题的全球性质，并深刻理解各国政府对其日益增长的重视

应通过共同努力，推动构建一个更加公正、合理的全球互联网治理体系，为全球范围内的数字信任建设作出重要贡献。这将有助于加强国际合作，促进数字经济的健康发展，并提升全球数字信任的整体水平。

10.3 促进数字信任机制建设的建议

10.3.1 加强顶层设计，健全数字信任政策法规

首先，必须明确数字信任战略的具体要求，并确立数字身份和数据流通方面的发展方向。在我国，“十四五”规划已经明确指出

要激发数据要素的潜能，完善数据要素市场的规则体系，为我国数字信任体系的建设提供了明确的指导方向。

其次，为构建稳健的数字信任体系，应持续完善相关的政策法规，并着重优化数字身份与数据流通领域的制度设计。具体而言，《中华人民共和国数据安全法》（以下简称《数据安全法》）第七条明确规定："国家保护个人、组织与数据有关的权益，鼓励数据依法合理有效利用，保障数据依法有序自由流动，促进以数据为关键要素的数字经济发展。"这一法律条款不仅为数字信任的建设提供了坚实的法治保障，也为数字经济的健康发展指明了方向。

最后，为了推动数字信任体系在产业实践中的应用，需要制定一系列的数字信任标准指南。这些指南将针对数字身份和数据流通领域提供具体的指导和建议。在我国，已经发布了一系列的相关标准，这些标准的制定和实施为数字信任体系在产业实践中的广泛应用提供了有力的支撑。

10.3.2 深化管理机制，完善数字信任体系

首先，必须明确责任主体，并进一步加强数据保护和数据安全责任的落实。《数据安全法》第二十七条明确规定："重要数据的处理者应当明确数据安全负责人和管理机构，落实数据安全保护责任。"这一法律条款强调了责任主体的重要性，并为数据保护和数据安全提供了明确的法律依据。通过明确责任主体，可以更好地保障数据的安全性和可靠性，促进数字信任体系的健康发展。

其次，要根据风险水平，强化数字信任领域的分级分类管理。《数据安全法》第二十一条明确规定："国家建立数据分类分级保护制度，根据数据在经济社会发展中的重要程度，以及一旦遭到篡改、破

坏、泄露或者非法获取、非法利用，对国家安全、公共利益或者个人、组织合法权益造成的危害程度，对数据实行分类分级保护。国家数据安全工作协调机制统筹协调有关部门制定重要数据目录，加强对重要数据的保护。关系国家安全、国民经济命脉、重要民生、重大公共利益等数据属于国家核心数据，实行更加严格的管理制度。各地区、各部门应当按照数据分类分级保护制度，确定本地区、本部门以及相关行业、领域的重要数据具体目录，对列入目录的数据进行重点保护。”通过这样的分级分类管理，能够更有效地保障数字信任体系的安全和稳定，为数字经济社会的健康发展提供有力支撑。

最后，推动数字信任互认机制的建设至关重要，需要加强交流合作。针对可信数字身份，应建立符合标准要求的身份运用机制。此外，各级机构应负责有效管理和执行各类设备、非人实体以及机器人流程自动化、人工智能等自动化技术的数字化生命周期，以确保ICAM相关工作的顺利进行。通过深化交流与合作，我们可以促进数字信任互认机制的建立，进而提升数字信任体系的整体效能和可靠性，为数字经济的蓬勃发展提供有力支撑。

10.3.3 强化技术应用，提高数字信任能力建设

首先，需要运用零信任等前沿安全技术来转变传统的安全防护模式，从而更好地适应不断演变的网络安全形势。通过采用零信任原则，可以建立起一种更为严密、灵活和智能的安全防护体系，确保数据资产的安全性和完整性。

其次，为了保障数据的安全性和隐私性，需要积极推进隐私计算技术在数据流通领域的应用。隐私计算技术能够在保证数据“可用不可见”的前提下，实现数据的流通和共享，从而充分发挥数据

的价值。通过采用隐私计算技术，可以在保护个人隐私的同时，促进数据的合法、合规流通，推动数字经济的发展。

最后，需要加强可信数字身份新技术的应用，比如区块链和生物特征识别技术。一方面，与传统的PKI体系相比，区块链在身份信息保护方面具有显著优势。由于区块链上的身份信息更难以被篡改，并且身份信息以分布式方式存放，不仅提高了安全性，还带来了便捷性。此外，通过区块链技术，可以避免在验证过程中的数据泄露问题。同时，区块链的激励机制能够鼓励用户积极维护其数字身份。另一方面，生物特征识别技术的实质是运用数字技术，精准采集和提取人类的生物特征，生成特征模板，然后通过其与现有数据库的精确比对，实现数字身份的精准标识与高效认证，为数字信任体系提供更为坚实和可靠的支撑。

10.3.4 推动数字信任最佳实践

为加强数字身份管理和访问控制，应通过统一、集中的安全管理方式为政府机关涉密人员颁发数字身份证，并以此为基础强化访问控制管理，确保信息系统的安全。在数字支付领域，为提高金融市场主体信息的透明度，应在全球范围内建立法人识别编码系统，为金融机构提供更加准确、全面的企业信息。

总之，我国正致力于构建统一、安全的数字身份信息系统。该系统通过整合指纹、人脸等生物特征信息，为数字金融、身份识别等领域提供更为可靠、高效的支撑。此举不仅有助于提升数字信任体系的整体效能，还将为数字经济的蓬勃发展注入新的活力。

参考文献

[1] 巴曙松，白海峰．金融科技的发展历程与核心技术应用场景探索［J］．清华金融评论，2016（11）：99-103.

[2] 卜亚，孔恩惠．金融科技穿透式监管的机理与路径研究［J］．当代金融研究，2023，6（10）：42-57.

[3] 卜亚．金融科技新生态构建研究［J］．西南金融，2019（11）：51-59.

[4] 曹和平，顾洪声，李维．强化数字金融科技集成攻关助力 产业创新生态优化［J］．经济导刊，2022（8）：61-66.

[5] 陈来宽，华雯君，辛帅．金融科技在构建场景金融生态圈中的应用探析［J］．现代金融，2023（1）：36-42.

[6] 崔久强，陈晓曈．全球数字信任建设的现状、问题与经验［J］．信息安全与通信保密，2021（11）：30-38.

[7] 崔毅安，熊熊，韦立坚，等．金融科技视角下的计算实验金融建模［J］．系统工程理论与实践，2020，40（2）：373-381.

[8] 董子晖．金融科技生态下银行业的发展与监管［J］．吉林金融研究，2022，49（4）：34-37.

[9] 杜晗．金融科技背景下金融风险分析及监管对策研究［J］．中国商论，2023（16）：120-123.

[10] 杜瑞忠，许琨琪，田俊峰.基于图论的边缘计算信任评估优化模型［J］.工程科学与技术，2020，52（3）：1-9.

[11] 方俊杰，雷凯.面向边缘人工智能计算的区块链技术综述［J］.应用科学学报，2020，38（1）：1-21.

[12] 傅顺，裴平，孙杰.数字金融发展与商业银行信用风险：来自中国37家上市银行的经验证据［J］.北京理工大学学报（社会科学版），2023，25（1）：145-155.

[13] 胡滨，程雪军.金融科技、数字普惠金融与国家金融竞争力［J］.武汉大学学报（哲学社会科学版），2020，73（3）：130-141.

[14] 胡滨，任喜萍.金融科技发展：特征、挑战与监管策略［J］.改革，2021（9）：82-90.

[15] 华为区块链技术开发团队.区块链技术及应用［M］.北京：清华大学出版社，2019.

[16] 黄益平.如何建设数字金融强国［EB/OL］.［2024-06-15］.http：//nsd.pku.edu.cn/sylm/gd/534302.htm.

[17] 金虎斌，王璐.新监管格局下我国金融科技风险的央地协同监管研究［J］.征信，2023，41（12）：79-86.

[18] 李佳佳，王正位.基于区块链技术的供应链金融应用模式、风险挑战与政策建议［J］.新金融，2021（1）：48-55.

[19] 李伟.着力打造中国特色金融科技创新监管体系［J］.清华金融评论，2020（1）：85-87.

[20] 刘晓鑫，毕文祥.数字金融发展中的数据治理问题研究［J］.吉林金融研究，2021（12）：11-14.

[21] 刘媛，韩龙.大型科技公司的系统性金融风险与监管因应［J］.南方金融，2023（6）：33-45.

[22] 陆岷峰，徐阳洋.科技向善：激发金融科技在金融创新与金融监管中正能量路径［J］.南方金融，2021（1）：10-19.

[23] 路槟赫，陈进.金融科技信任场景中的区块链应用［J］.金融电子化，

2022（3）：78-80.

［24］ 苗建国.科技金融对生态环境的影响研究［J］.经营与管理，2025（3）：164-169.

［25］ 潘捷，曾春燕.粤港澳大湾区科技金融生态系统三维评价研究［J］.金融经济学研究，2023，38（3）：145-160.

［26］ 潘雪，袁凌云，黄敏敏.基于区块链和域信任度的物联网跨域信任评估模型［J］.计算机工程，2023，49（5）：181-190.

［27］ 皮天雷，刘垚森，吴鸿燕.金融科技：内涵、逻辑与风险监管［J］.财经科学，2018（9）：16-25.

［28］ 丘永萍，章荩今.金融科技背景下供应链金融风险分析及防范策略［J］.农村金融研究，2021（8）：75-80.

［29］ 石光乾.金融科技赋能地方金融数智化监管：机制、挑战与对策［J］.湖南社会科学，2023（6）：36-43.

［30］ 宋华，韩思齐，刘文诣.数字技术如何构建供应链金融网络信任关系？［J］.管理世界，2022，38（3）：182-200.

［31］ 苏海雨.金融科技背景下金融数据监管模式构建［J］.科技与法律，2020（1）：68-75.

［32］ 孙友晋，王思轩.数字金融的技术治理：风险、挑战与监管机制创新——以基于区块链的非中心结算体系为例［J］.电子政务，2020（11）：99-107.

［33］ 田鹤，郭凯红，王彦超，等.基于感知源的数据驱动信任评测模型［J］.控制理论与应用，2021，38（2）：255-263.

［34］ 田晓丽，李鹏燕，刘岱.大数据背景下数字金融信用风险评估与防范［J］.河北金融，2021（8）：20-22；33.

［35］ 王均山.金融科技生态系统的研究——基于内部运行机理及外部监管机制视角［J］.上海金融，2019（5）：83-87.

［36］ 王雁飞，周茂清.我国数字金融发展的内生动力、现实挑战和政策建议［J］.金融理论探索，2022（3）：56-63.

［37］ 王宇，肖欣荣，刘健，等.金融网络结构与风险传染理论述评［J］.金融监管研究，2019（2）：79-96.

［38］ 魏鹏飞.我国金融科技发展与监管研究［J］.北方金融，2019（11）：8-12.

［39］ 吴新慧.数字信任与数字社会信任重构［J］.学习与实践，2020（10）：87-96.

［40］ 夏清，窦文生，郭凯文，等.区块链共识协议综述［J］.软件学报，2021，32（2）：277-299.

［41］ 徐延辉，吴世倩.区块链技术与数字信任建构机制研究——以百度超级链为例［J］.南京社会科学，2022（9）：55-64.

［42］ 杨东.监管科技：金融科技的监管挑战与维度建构［J］.中国社会科学，2018（5）：77-78.

［43］ 杨农.高质量推进我国科技金融生态体系建设［J］.清华金融评论，2022（8）：89-92.

［44］ 杨森，印言.基于区块链的供应链金融风险防范机制研究［J］.商业经济，2021（11）：181-183.

［45］ 杨涛，贲圣林，杨东，等.中国金融科技运行报告（2023）［EB/OL］.［2024-06-15］.https：//www.cnfin.com/cmjj-lb/detail/20231205/3975963_1.html.

［46］ 杨涛，王小彩.新形势下推动金融科技创新需夯实生态基础［J］.金融理论探索，2022（5）：3-8.

［47］ 杨小强，张江朋.中国金融科技发展现状与趋势［J］.金融科技，2024（1）：50-55.

［48］ 杨玉涛.金融科技赋能农信场景金融生态建设初探［J］.开封大学学报，2022，36（2）：14-16.

［49］ 张洋子.构建金融科技生态圈：内涵、国际经验与中国展望［J］.科学管理研究，2019，37（2）：152-156.

［50］ 张志威，王国仁，徐建良，等.区块链的数据管理技术综述［J］.软件学

报，2020，31（9）：2903-2925.

［51］ 赵万里，范英，姬强，等．“一带一路”国家金融风险溢出研究——基于 TENET 网络方法［J］．系统工程理论与实践，2022，42（1）：24-36.

［52］ 赵永新．金融科技创新与监管［M］．北京：清华大学出版社，2021.

［53］ 中国电子技术标准化研究院，中国人民银行数字货币研究所，上海万向区块链股份公司，等．区块链和分布式记账技术 参考架构：GB/T 42752—2023［S/OL］．［2024-06-15］．https：//max. book118. com/html/2024/0522/6141143032010134.shtm.

［54］ 中国信息通信研究院．全球数字经济发展研究报告（2024 年）［EB/OL］［2024-06-15］．http：//www. caict. ac. cn/kxyj/qwfb/bps/202501/t20250116_651709.htm.

［55］ 中国信息通信研究院．中国金融科技生态白皮书（2023 年）［R/OL］．［2024-06-15］．http：//www. caict. ac. cn/kxyj/qwfb/bps/202211/P020221117542199873767.pdf.

［56］ 钟慧安．金融科技发展与风险防范研究［J］．金融发展研究，2018（3）：81-84.

［57］ 朱立，俞欢，詹士潇，等．高性能联盟区块链技术研究［J］．软件学报，2019，30（6）：1577-1593.

［58］ 朱曦，吴浩．基于区块链技术的云身份管理信任模型设计［J］．山东科学，2020，33（3）：100-108.

［59］ AFZAAL H，IMRAN M，JANJUA M U，et al. Formal modeling and verification of a blockchain-based crowdsourcing consensus protocol［J］. IEEE access，2022，10：8163-8183.

［60］ BARENJI R V. A blockchain technology based trust system for cloud manufacturing［J］. Journal of Intelligent Manufacturing，2022，33（5）：1451-1465.

［61］ BECKER M，BODÓ B. Trust in blockchain-based systems［J］. Internet

Policy Review，2021，10（2）：1-10.

［62］ BELLINI E，IRAQI Y，DAMIANI E.Blockchain-based distributed trust and reputation management systems：A survey［J］.IEEE Access，2020（8）：21127-21151.

［63］ BOLDRIN L，SELLITTO G P，TEPANDI J. TOOP trust architecture［C］. LNCS，2021，12621：126-140.

［64］ CHALLAGIDAD P S，BIRJE M N. Multi-dimensional dynamic trust evaluation scheme for cloud environment［J］.Computers & Security，2020，91：101722.

［65］ DERMANY M K，ARANI M J N，DOOSTALI S.Combining topology control and network coding to optimize lifetime in wireless-Sensor networks［J］. Computer Networks，2019，162：1-12.

［66］ DING J，JIAO J，HUANG J H，et al. Age-optimal network coding HARQ scheme for satellite-based internet of things［J］. IEEE Internet of Things Journal，2022，9（21）：21984-21998.

［67］ FENG W，YAN Z，YANG L T，et al.Anonymous authentication on trust in blockchain-based mobile crowdsourcing［J］. IEEE Internet of Things Journal，2022，9（16）：14185-14202.

［68］ GUAN W，LIANG L P.Construction of block-LDPC codes based on quadratic permutation polynomials［J］. Journal of Communications and Networks，2015，17（2）：157-161.

［69］ HUANG X M，RONG Y，KANG J W，et al. Distributed reputation management for secure and efficient vehicular edge computing and networks［J］. IEEE Access，2017，5：25408-25420.

［70］ JAVAID N. A secure and efficient trust model for wireless sensor IoTs using blockchain［J］.IEEE Access，2022，10：4568-4579.

［71］ KHAN S N，LOUKIL F，GUEGAN C G，et al.Blockchain smart contracts：Applications，challenges，and future trends［J］.Peer-to-peer Networking and Applications, 2021, 14 (5): 2901-2925.

[72] KUMAR G, SAHA R, RAI M K, et al.Proof-of-work consensus approach in blockchain technology for cloud and fog computing using maximization-factorization statistics [J] .IEEE Internet of Things Journal, 2019, 6 (4): 6835-6842.

[73] KUMAR R L, KHAN F, KADRY S, et al. A survey on blockchain for industrial internet of things [J] .Alexandria Engineering Journal, 2022, 61: 6001-6022.

[74] LEE S W, HUSSAIN S, ISSA G F, et al. Multi-dimensional trust quantification by artificial agents through evidential fuzzy multi-criteria decision making [J] .IEEE Access, 2021, 9: 159399-159412.

[75] LI B, GUO X, CONG J, et al.Sliding-window-based RNC scheme in UAV multicasting: Performance analysis and network optimization [J] . IEEE Internet of Things Journal, 2022, 9 (14): 12111-12124.

[76] LI B, LIANG R, ZHU D, et al.Blockchain-based trust management model for location privacy preserving in VANET [J] . IEEE Transactions on Intelligent Transportation Systems, 2021, 22 (6): 3765-37 75.

[77] LI F, YU X, GE R, et al. BCSE: Blockchain-based trusted service evaluation model over big data [J] .Big Data Mining and Analytics, 2022, 5 (1): 1-14.

[78] LOCKL J, SCHLATT V, SCHWEIZER A, et al.Toward trust in internet of things ecosystems: Design principles for blockchain-based IoT applications [J] . IEEE Transactions on Engineering Management, 2020, 67 (4): 1256-1270.

[79] LUCIAN T, DANIELA T.A simple method to determine the number of true different quadratic and cubic permutation polynomial based interleavers for turbo codes [J] .Telecommunication Systems, 2017, 64 (1): 147-171.

[80] MOHAMMADI S, PAHLEVANI P , LUCANI D E.Perpetual network coding

for delay sensitive applications [J]. Wireless Personal Communications, 2021, 120: 923-947.

[81] NGUYEN T D, BAI Q.A dynamic bayesian network approach for agent group trust evaluation [J].Computers in Human Behavior, 2018, 89: 237-245.

[82] NIEMINEN E. On quadratic permutation polynomials, turbo codes, and butterfly networks [J].IEEE Transactions on Information Theory, 2017, 63 (9): 5793-5801.

[83] PETRIDES G. On decompositions of permutation polynomials into quadratic and cubic power permutations [J]. Cryptography and Communications, 2023, 15 (1): 199-207.

[84] PINTO G V, DIAS J P, FERREIRA H S. Blockchain-based PKI for crowdsourced IoT sensor information [J]. Advances in Intelligent Systems and Computing, 2020, 942: 248-257.

[85] REHMAN M H U, SALAH K, DAMIANI E, et al. Trust in blockchain cryptocurrency ecosystem [J]. IEEE Transactions on Engineering Management, 2020, 67 (4): 1196-1212.

[86] SANKA A I, IRFAN M, HUANG I, et al. A survey of breakthrough in blockchain technology: Adoptions, applications, challenges and future research [J].Computer Communications, 2021, 169: 179-202.

[87] SATHISHKUMAR A, RAMMOHAN T, SATHISH S, et al.QoS constrained network coding technique to data transmission using IoT [J]. Computer Systems Science and Engineering, 2022, 43 (2): 531-544.

[88] TRIFINA L, TARNICERIU D. On the equivalence of cubic permutation polynomial and ARP interleavers for turbo codes [J].IEEE Transactions on Communications, 2017, 65 (2): 473-485.

[89] TRUONG N, LEE G M, SUN K, et al.A blockchain-based trust system for decentralised applications: When trustless needs trust [J]. Future Generation Computer Systems, 2021, 124: 68-79.

[90] WANG T, LUO H, JIA W J, et al. MTES: An intelligent trust evaluation scheme in sensor-cloud-enabled industrial internet of things [J]. IEEE Transactions on Industrial Informatics, 2020, 16 (3): 2054-2062.

[91] WU X, LIANG J B.A blockchain-based trust management method for internet of things [J].Pervasive and Mobile Computing, 2021, 72: 101330.

[92] WU Y, ZHANG Y F.An integrated framework for blockchain-enabled supply chain trust management towards smart manufacturing [J]. Advanced Engineering Informatics, 2022, 51: 101522.

[93] XU Z, LI X , XIONG W, et al.A dynamic multi-dimension trust model for information service quality evaluation [J]. Procedia Computer Science, 2021, 187: 601-606.

[94] YANG R Z, YU F R, SI P B, et al. Integrated blockchain and edge computing systems: A survey, some research issues and challenges [J]. IEEE Communications Surveys & Tutorials, 2019, 21 (2): 1508-1532.

[95] YLMAZ S S, ZBEK B, LGÜY M, et al. User selection for NOMA-based MIMO with physical-layer network coding in internet of things applications [J].IEEE Internet of Things Journal, 2022, 9 (16): 14998-15006.

[96] ZARANDI M A, DARA R, FRASER E.LBTM: A lightweight blockchain-based trust management system for social internet of things [J].Journal of Supercomputing, 2022, 78 (6): 8302-8320.

[97] ZHANG H B, LIU J J, ZHAO H L, et al. Blockchain-based trust management for internet of vehicles [J]. IEEE Transactions on Emerging Topics in Computing, 2021, 9 (3): 1397-1409.

[98] ZHU X, LI Y, FANG L, et al. An improved proof-of-trust consensus algorithm for credible crowdsourcing blockchain services [J]. IEEE Access, 2020, 8: 10187-102177.

索引